Guia Valor ECONÔMICO de arbitragem

Guia Valor Econômico de arbitragem

por Maíra Magro
e Zínia Baeta

EDITORA GLOBO

EDITORA GLOBO

© 2004 Maíra Magro e Zínia Baeta
© 2004 Editora Globo S.A. para a presente edição
© 2004 Empresa Valor Econômico S/A para a marca Valor Econômico

Edição: Kanji Editoração
Revisão: Carla Mello Moreira
Projeto gráfico, direção de arte e editoração eletrônica: A2

EDITORA GLOBO S.A.
Av. Jaguaré, 1485
São Paulo, SP, Brasil
CEP 05346-902
Tel: (0xx11) 3457-1555
e-mail: atendimento@edglobo.com.br
site: www.globolivros.com.br

Todos os direitos reservados. Nenhuma parte desta edição pode ser utilizada ou reproduzida – por qualquer meio ou forma, seja mecânico ou eletrônico, fotocópia, gravação etc. – nem apropriada ou estocada em sistema de banco de dados, sem a expressa autorização da editora.

1ª edição

Dados Internacionais de Catalogação na Publicação (CIP)
(Câmara Brasileira do Livro, SP, Brasil)

Magro, Maíra
Guia valor econômico de arbitragem / por Maíra Magro e
Zínia Baeta. São Paulo: Globo, 2004.

ISBN 85-250-3902-0

1. Administração de conflitos
2. Arbitragem (Direito) - Brasil - Guias 3. Mediação - Brasil
4. Solução de problemas I. Baeta, Zínia. II. Título.

04-5537   CDU-347.918 (81)

Índices para catálogo sistemático:
1. Brasil: Guias: Arbitragem e mediação: Direito processual civil
347.918(81)

Impressão e acabamento: Lis Gráfica

PREFÁCIO

O direito arbitral renasceu com a promulgação da Lei nº 9.307, em 1996. Na década de 80, tivemos três iniciativas do executivo, que não prosperaram. Em 1992, o senador Marco Maciel subscreve projeto de lei que, após longa tramitação legislativa, se converteu na Lei de Arbitragem, conhecida como "Lei Marco Maciel".

Recebida com entusiasmo pela sociedade como um todo, foi objeto, desde logo, de muitos estudos e debates jurídicos. Não era somente mais uma lei. Era o início de uma nova era nas relações humanas. O liame da realidade sociológica contemporânea e da nova geração do direito com a justiça que desponta neste século XXI.

A arbitragem convive com a ética, a moral e a transparência; trabalha o consenso e a solidariedade. Agiliza e possibilita o exercício de direito natural do cidadão de acesso à justiça. Confirma e reforça o sentido de cidadania pela cooperação do cidadão comum com o Estado na importante tarefa de pacificação dos conflitos. É o povo exercendo, em sua plenitude, seus direitos com responsabilidade. Com liberdade. Com respeito. Enfim, com cidadania.

A imprensa, no dizer de Rui Barbosa, representa o "olho da nação", que alerta, constata e informa a sociedade. Nesse sentido, este importante opúsculo, elaborado com competência e desvelo por duas jovens jornalistas, Zínia Baeta e Maíra Magro, em linguagem simples e acessível ao público, percorre todos os quadrantes da arbitragem, permitindo que esta se desloque do campo jurídico e ingresse na literatura de informação.

O guia, uma edição conjunta da Editora Globo e do jornal *Valor Econômico*, é prático, conciso e objetivo. Esclarece, didaticamente, sobre o papel das câmaras de arbitragem, dedica-se aos conflitos trabalhistas, das relações de consumo e daqueles originados de transações imobiliárias e do mercado de capitais. Também aborda a arbitragem no comércio internacional, cenário em que ela mais se desenvolve. No último capítulo, dispõe sobre outros meios amigáveis de solução de controvérsias, notadamente, a negociação e a mediação.

Este guia, peça de suma importância na difusão do instituto em nossa sociedade, tornou-se possível graças não somente à decantada intuição feminina, mas, também, a todo trabalho e estudo que as autoras desenvolveram ao longo de anos dedicados a prestigiar a arbitragem. Jornalistas com visão de vanguarda, que atentaram que a arbitragem representa mais uma porta aberta à sociedade na obtenção da justiça.

Pedro Batista Martins e Selma Ferreira Lemes
Advogados especializados em arbitragem e membros
da Comissão Relatora da Lei de Arbitragem.

SUMÁRIO

Capítulo 1
JUSTIÇA RÁPIDA

O que são os métodos alternativos
    de solução de conflitos? 12
Quais são os métodos extrajudiciais existentes? 13
Qual o grau de intervenção previsto em cada método? ... 14
Quem pode usar os métodos alternativos? 15
O que é arbitragem? 16
Qual é a maior vantagem da arbitragem
    em relação à Justiça? 17
Que outras vantagens a arbitragem proporciona? 18
Que tipos de conflito podem
    ser solucionados pela arbitragem? 19
Qual a validade das decisões tomadas fora da Justiça? ... 20
A situação do Judiciário brasileiro 22

Capítulo 2
CONHECENDO A ARBITRAGEM

Quero usar a arbitragem: por onde começar? 26
Alguém pode ser obrigado a usar a arbitragem? 27
O que é arbitragem institucional? 28
O que é arbitragem *ad hoc*? 29
Como optar entre a arbitragem *ad hoc* e a institucional? 30
O que é cláusula compromissória? 31
O que deve conter a cláusula compromissória? 32
Quais os perigos mais comuns na redação da cláusula compromissória? ... 33
O que é compromisso arbitral? 35
Como faço para levar um conflito a uma câmara de arbitragem? 37
Como é o procedimento de solução
    de conflito nas câmaras de arbitragem? 38
O que é uma audiência arbitral? 40
O que é sentença arbitral? 41
Quanto tempo demora para sair uma sentença arbitral? 42
E se eu discordar da sentença arbitral? 43
É preciso contratar um advogado para participar da arbitragem? 44
É mais barato usar a arbitragem ou entrar na Justiça? 45
Que tipos de desvantagens podem existir na arbitragem? 46
Programas de incentivo aos métodos extrajudiciais no Brasil 48

Capítulo 3
AS CÂMARAS DE ARBITRAGEM

O que são as câmaras de arbitragem?.................. 52
Como as câmaras de arbitragem são organizadas?....... 53
As câmaras de arbitragem
    são controladas por alguma instituição?............ 54
As câmaras têm algum regulamento próprio?........... 55
As câmaras de arbitragem
    devem adotar algum código de ética?.............. 56
Como escolher uma câmara de arbitragem?............ 57
É possível mudar de câmara depois da escolha feita?..... 58
Quem é o árbitro?................................... 59
Quem pode ser árbitro?............................. 60
Qual a diferença entre árbitro e juiz?.................. 61
Como escolher o árbitro?............................ 62
Os árbitros devem seguir algum código de ética?........ 63
O que diz o Conima em seu código de ética?.......... 64
Ser árbitro é uma profissão?......................... 65
Cuidado com as câmaras de fachada 66

Capítulo 4
CONTORNANDO OS PROBLEMAS

O que fazer se uma das partes
    desistir de usar a arbitragem?................................ 70
E se a cláusula arbitral não tratar da escolha do árbitro?............ 71
E se eu discordar da escolha de árbitro feita pela outra parte?......... 72
E se a outra parte não comparecer
    à audiência no procedimento arbitral?........................ 73
É possível recorrer da sentença arbitral?........................... 74
As decisões arbitrais podem ser contestadas na Justiça?.............. 75
O que acontece se a decisão arbitral for anulada pela Justiça?......... 76
Que providências o árbitro deve tomar
    para que a decisão seja cumprida?............................ 76
E se a outra parte não cumprir a decisão arbitral?................... 77
A arbitragem e a administração pública........................... 78

Capítulo 5
A ARBITRAGEM NA PRÁTICA

Em que situações comerciais a arbitragem pode ser usada? 82
As micro e pequenas empresas podem usar a arbitragem? 83
Existem câmaras especializadas
    em atender micro e pequenas empresas? 84
A arbitragem pode ser usada nas relações de consumo? 85
Que cuidados devem ser tomados nos contratos de adesão? . . . 86
Existem controvérsias sobre o uso
    da arbitragem na área de consumo? 87
Quais as vantagens do uso da arbitragem para o consumidor? . . 88
Quais as vantagens para as empresas? 89
Como funciona a arbitragem trabalhista? 90
Quais os argumentos contra
    o uso da arbitragem na área trabalhista? 92
Quais os argumentos a favor? 93
Que cuidados o trabalhador
    deve tomar com o uso da arbitragem? 94
A arbitragem pode ser usada nos conflitos imobiliários? 95
A arbitragem no mercado de capitais e no sistema financeiro . . . 96

Capítulo 6
A LEI DE ARBITRAGEM BRASILEIRA

Desde quando a arbitragem existe no Brasil? 100
Se a arbitragem estava prevista na lei, por que era pouco usada? 101
O que representou a sanção da Lei de Arbitragem brasileira? 102
Por que a Lei de Arbitragem demorou a pegar? 103
Quais foram os questionamentos em relação à lei? 104
Qual foi a decisão do STF sobre a constitucionalidade da lei? 105
O que diz a Justiça sobre
    cláusulas arbitrais anteriores à Lei nº 9.307? 106
A arbitragem ganha respaldo do Judiciário 108

Capítulo 7
A ARBITRAGEM NO COMÉRCIO INTERNACIONAL

Como funciona a arbitragem
    nos contratos internacionais? 112
O que é arbitragem internacional? 113
O que são sentenças arbitrais estrangeiras? 114
Qual a importância da nacionalidade da sentença? 115

A sentença proferida
   no exterior tem validade no Brasil? 116
A sentença proferida
   no Brasil tem validade no exterior? 117
Como funciona a homologação
   de uma sentença estrangeira no Brasil? 118
É possível anular uma sentença
   arbitral proferida fora do Brasil? 120
Que cuidados devem ser tomados
   no uso da arbitragem internacional? 121
O Judiciário admite
   leis estrangeiras em contratos feitos no Brasil? 122
O que significa *lex mercatoria*? 123
Quais os principais tratados
   de arbitragem assinados pelo Brasil? 124
O que são o Protocolo e a Convenção de Genebra? 125
O que é a Convenção de Nova York? 126
O que é a Convenção do Panamá? 128
O que é a Convenção de Montevidéu? 130
O que é o Protocolo de Olivos? 131
O que é o Protocolo de Las Leñas? 133
O que é o Acordo sobre Arbitragem
   Comercial Internacional do Mercosul? 134
O que é a Lei-modelo da Uncitral? 135
As principais câmaras de arbitragem no mundo 136

Capítulo 8
NEGOCIAÇÃO, MEDIAÇÃO E CONCILIAÇÃO

O que é negociação? 140
O que é mediação? 141
Em que casos a mediação pode ser usada? 142
Como assegurar que um acordo obtido por mediação será cumprido? . .143
O que é conciliação? 144
Em que casos a conciliação pode ser usada? 144
Como devo proceder para usar a mediação ou a conciliação? 146
A conciliação precisa de lei? 147
São Paulo adota mediação para reduzir processos judiciais 148

História da arbitragem 150
Glossário 154
Bibliografia 160
Sites recomendados 165

JUSTIÇA RÁPIDA

COMO EVITAR DISPUTAS JUDICIAIS E GANHAR TEMPO

Alternativas simples de solução de conflitos podem reduzir desgastes nas relações pessoais e comerciais

JUSTIÇA RÁPIDA
COMO EVITAR DISPUTAS JUDICIAIS E GANHAR TEMPO

O que são os métodos alternativos de solução de conflitos?

São instrumentos para resolver controvérsias fora da esfera do Poder Judiciário, de forma rápida, amigável e informal

Para entender o princípio dos métodos alternativos, pense na seguinte situação: dois vizinhos disputando a posse de uma laranja. Na opção um, eles recorrem à Justiça. O juiz avalia os argumentos legais e decide partir a laranja ao meio, ficando cada vizinho com uma metade. O caso é encerrado e ambos saem insatisfeitos.
Na opção dois, usa-se a conciliação ou a mediação. O conciliador ou mediador, ao conversar com os vizinhos, descobre que um quer a laranja para fazer doce e o outro para fazer suco. A solução do conflito é óbvia: como o doce é feito com a casca e o suco com a polpa, a laranja é repartida dessa forma. Os dois vizinhos sentem que saíram ganhando com o desfecho.

Quem nunca teve problemas com um vizinho, sócio, patrão ou parente e precisou da ajuda de uma terceira pessoa para resolvê-los? Desentendimentos fazem parte da vida – a forma de encontrar uma solução é que varia conforme o caso. Na tradição brasileira, leva-se o problema ao Judiciário. Entrar na Justiça, porém, quase sempre complica o relacionamento com a outra parte, transformando-a automaticamente em inimiga. O conflito, assim, ganha contornos de um "paga-para-ver" quem está com a razão.

Poucos sabem que há alternativas mais simples e rápidas para a solução de conflitos e que elas também podem reduzir desgastes nas relações. A arbitragem, a conciliação, a mediação e a negociação são alguns exemplos usados no Brasil.

No Judiciário, um ganha e outro perde. Já os métodos alternativos buscam soluções amigáveis e criativas, em que ambas as partes saiam ganhando. Isso nem sempre é possível, mas o que importa é a intenção de evitar brigas e fazer acordos. No lugar do juiz, tais métodos se valem de árbitros, mediadores e conciliadores eleitos pelos próprios envolvidos no conflito.

Os métodos extrajudiciais têm vantagens como informalidade, sigilo e, às vezes, economia de custos – além da rapidez. Pela arbitragem, as discussões podem ser resolvidas em meses, enquanto uma ação judicial tramita durante anos. Vale lembrar que a demora causa aborrecimento, prejuízo, perda de oportunidades e pode levar até à falência de um negócio. Não por acaso, os métodos privados vêm sendo cada vez mais usados no Brasil.

Quais são os métodos extrajudiciais existentes?

Os mais comuns no Brasil são a arbitragem, a conciliação, a mediação e a negociação

Os métodos alternativos de solução de controvérsias abrangem uma variedade de técnicas conhecidas e praticadas no Brasil, como a conciliação, a mediação e a negociação. No entanto, entre todas elas, só a arbitragem tem regulamentação própria no País. A principal semelhança entre esses métodos é o objetivo de evitar brigas judiciais e buscar soluções amigáveis. A diferença fundamental está na presença ou não de uma terceira parte, imparcial, para intervir na busca da solução. O grau dessa intervenção também varia conforme o tipo de método extrajudicial adotado. O uso de uma ou de outra técnica dependerá do tipo e dos motivos da controvérsia.

MÉTODOS ALTERNATIVOS DE SOLUÇÃO DE CONFLITOS

A aplicação de cada método varia conforme o conflito: quanto mais alto o grau de litígio, maior é o nível de intervenção do terceiro (mediador, conciliador, árbitro, juiz) na busca da solução e menor o grau de autonomia das partes envolvidas. Na negociação, em que não há a figura do terceiro, as partes têm plena autonomia.

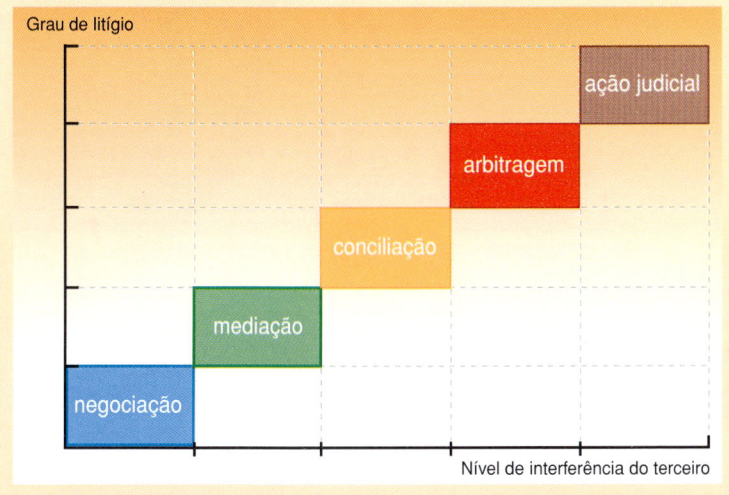

JUSTIÇA RÁPIDA
COMO EVITAR DISPUTAS JUDICIAIS E GANHAR TEMPO

Qual o grau de intervenção previsto em cada método?

A intervenção de uma terceira parte inexiste na negociação, é moderada na conciliação e na mediação e alta na arbitragem

Os métodos alternativos de solução de conflitos são conhecidos internacionalmente como ADRs, sigla em inglês para alternative dispute resolution *(resolução alternativa de disputas)*. As ADRs consistem em diversas técnicas para intervir prematuramente num conflito, aumentando as chances de resolvê-lo antes de se recorrer ao Judiciário.
O sistema é muito usado nos Estados Unidos, onde dezenas de técnicas proliferaram, como a facilitação, a avaliação neutra, o fact-finding *(investigação de fatos)*, o mini-trial *(julgamento simplificado)*, a peer review *(avaliação de questões trabalhistas por grupos de empregados e patrões)* e o júri de imitação *(jurados pagos para resolver uma controvérsia)*.

A arbitragem é o método alternativo que prevê o maior nível de intervenção. Os envolvidos no conflito escolhem árbitros que decidem por eles, com poder comparável ao de um juiz. A sentença emitida pelos árbitros tem força de decisão judicial. No extremo oposto, está a negociação, em que não existe um terceiro intermediador. As partes, sozinhas, tentam solucionar o problema. A conciliação e a mediação se situam entre as duas pontas. Ao contrário do árbitro, o conciliador e o mediador não tomam decisões, mas apenas auxiliam as partes a entrar em acordo. O conciliador deve propor soluções para o caso, enquanto o mediador não tem poder para tanto – seu papel resume-se a sublinhar aspectos que passariam despercebidos se as partes estivessem discutindo sozinhas. Além desses, outros procedimentos alternativos começam a ser usados no Brasil com vistas à solução de conflitos, mas ainda de forma incipiente.

Quem pode usar os métodos alternativos?

Qualquer pessoa maior, juridicamente capaz e apta a exercer seus direitos

A arbitragem, a conciliação, a mediação e a negociação podem ser usadas por qualquer empresa ou pessoa física. Uma exigência fundamental para a aplicação desses métodos é que as partes envolvidas concordem livremente com seu uso.
A conciliação, a mediação e a negociação têm aplicação ampla, abrangendo desde contratos comerciais até conflitos de família. Embora não exista lei específica que regulamente esses três mecanismos, especialistas geralmente entendem que eles não podem ser aplicados para resolver questões de direitos aos quais não se pode renunciar, como discussões tributárias, e em que o Estado figure como poder público. Na área penal, sua aplicação está restrita a infrações de menor potencial ofensivo (com penas máximas de até um ano) e só podem ser feitas no âmbito dos Juizados Especiais Criminais.
Já a arbitragem trata somente de discussões sobre direitos relativos a patrimônio e que podem ser negociados e transacionados livremente, estando em geral vinculados a um contrato.

Pessoa física
No caso, qualquer pessoa maior de 18 anos e em perfeitas condições mentais, juridicamente capaz e apta a exercer seus direitos.

JUSTIÇA RÁPIDA
COMO EVITAR DISPUTAS JUDICIAIS E GANHAR TEMPO

O que é arbitragem?

É um método de solução de conflitos fora do Poder Judiciário em que um ou mais árbitros emitem decisões com força de sentença judicial

Caracterizada pela informalidade, a arbitragem é um método alternativo ao Poder Judiciário que oferece decisões ágeis e técnicas para a solução de controvérsias. Só pode ser usada por acordo espontâneo das pessoas envolvidas no conflito, que automaticamente abrem mão de discutir o assunto na Justiça. A escolha da arbitragem pode ser prevista em contrato (ou seja, antes de ocorrer o litígio) ou realizada por acordo posterior ao surgimento da discussão.

Como se trata de um método privado, são as partes envolvidas no conflito que elegem um ou mais árbitros – geralmente um ou três, imparciais e com experiência na área da disputa – para analisar o caso. Os árbitros normalmente tentam ajudar as partes a entrar em acordo. Se não houver acordo, eles emitem a decisão, chamada laudo ou sentença arbitral, que tem força de sentença judicial.

O prazo para a tomada de decisão é definido pelos próprios participantes do procedimento. Mas, caso isso não seja estabelecido de antemão, o prazo máximo será de seis meses, conforme determina a Lei de Arbitragem (Lei nº 9.607/96). Ao contrário do processo judicial, o procedimento arbitral é sigiloso. Os custos dependem do tipo de conflito e da câmara de arbitragem escolhida.

Qual é a maior vantagem da arbitragem em relação à Justiça?

Em geral, a rapidez na tomada de decisão constitui o principal atrativo da arbitragem na comparação com o Judiciário

A rapidez com que o procedimento chega à sentença arbitral – isto é, à decisão final do árbitro para o conflito – representa a grande vantagem desse método alternativo em relação ao trâmite tradicional do Judiciário. Vale lembrar que a Lei de Arbitragem prevê que as próprias partes podem fixar o prazo para o árbitro proferir a sentença. Se nada for definido previamente, estabelece-se o limite de seis meses para a tomada de decisão.

A ausência de recursos contra a sentença arbitral também contribui para a agilidade do procedimento. Enquanto uma sentença judicial pode gerar mais de uma dezena de recursos em diversas instâncias, a decisão arbitral é definitiva e só pode ser questionada em casos limitados.

JUSTIÇA RÁPIDA
COMO EVITAR DISPUTAS JUDICIAIS E GANHAR TEMPO

Que outras vantagens a arbitragem proporciona?

Sigilo, informalidade, decisões técnicas e possibilidade de solução amigável são aspectos positivos desse procedimento

De natureza sigilosa, a arbitragem pode evitar o constrangimento da exposição pública de conflitos envolvendo pessoas ou empresas, além de possíveis danos de imagem e prejuízos. Também importante é o caráter técnico das decisões arbitrais: diferentemente do juiz de direito, que decide questões em setores diversos, o árbitro é um especialista na área do conflito. O estímulo à colaboração das partes e dos árbitros na busca de soluções pode evitar animosidades, ampliando as possibilidades de se preservar a relação entre os envolvidos durante e após o procedimento arbitral. A informalidade e a linguagem simples contrastam com a formalidade do Judiciário. Além disso, as partes têm flexibilidade para definir as regras do procedimento, que vão desde o local da arbitragem até a lei aplicável. Em alguns casos, os custos da arbitragem podem ser inferiores aos da ação judicial, principalmente quando se levam em conta os gastos de uma eventual demora do julgamento do caso na Justiça.

OS DEZ MANDAMENTOS DA ARBITRAGEM

- Rapidez
- Sigilo
- Decisões técnicas
- Possibilidade de soluções amigáveis
- Ausência de recursos
- Informalidade
- Custos menores em algumas situações
- Flexibilidade
- Linguagem simples
- Maior autonomia das partes

Que tipos de conflito podem ser solucionados pela arbitragem?

Tudo o que possa ser negociado em contrato, principalmente na área comercial

Só se aplica a arbitragem na solução de conflitos relacionados a <mark>direitos patrimoniais disponíveis</mark>. O método é apropriado, portanto, à maioria das questões civis e comerciais, quase sempre envolvendo a discussão de contratos. Todo tipo de disputa comercial doméstica ou internacional, como a compra e venda de produtos e imóveis e o fornecimento de mercadorias para lojas e indústrias, pode ser solucionado por arbitragem. Questões de consumo, contratos de inquilinato, prestação de serviço por pessoas jurídicas e discussões societárias são outros exemplos.

Já discussões nas áreas de família, tributária, criminal e envolvendo falência não podem ser solucionadas por esse procedimento, uma vez que tratam de direitos que não dizem respeito a patrimônio ou que não podem ser negociados ou renunciados pelas pessoas.

Em algumas áreas – como no direito do trabalho e nas relações de consumo –, a possibilidade de uso da arbitragem é polêmica e deve ser analisada caso a caso.

> **Direitos patrimoniais disponíveis**
> *Podem ter seu valor definido em dinheiro e ser negociados, transacionados, cedidos ou renunciados. Ou seja, são direitos que a pessoa pode ceder e bens que ela pode vender, doar ou alienar, e dos quais pode dispor, desistir ou abrir mão. O termo é mencionado no artigo 1º da Lei nº 9.307/96 para definir os conflitos que podem ser levados à arbitragem.*

O QUE PODE SER LEVADO À ARBITRAGEM	O QUE NÃO PODE SER LEVADO À ARBITRAGEM
Disputas societárias	Questões criminais
Disputas no setor imobiliário	Questões de família
Controvérsias sobre direito do consumidor	Discussões tributárias
Questões comerciais	Questões relacionadas a segurança e medicina do trabalho
Prestação de serviço	Casos de falência

JUSTIÇA RÁPIDA
COMO EVITAR DISPUTAS JUDICIAIS E GANHAR TEMPO

Qual a validade das decisões tomadas fora da Justiça?

A decisão arbitral tem a mesma força de uma sentença judicial. Já os acordos feitos por conciliação, mediação e negociação valem como um contrato entre as partes

Os métodos alternativos de solução de conflitos são procedimentos voluntários e baseados na confiança entre as partes. Por isso, é muito importante estar disposto a cumprir a sentença arbitral ou o acordo obtido por conciliação, mediação ou negociação. Descumprir decisões e acordos, ou questioná-los na Justiça apenas com fins protelatórios, contraria o princípio desses métodos.

As decisões tomadas por arbitragem têm o mesmo efeito de uma sentença judicial. Em termos legais, a sentença arbitral constitui um título executivo judicial. Isso significa que o Poder Judiciário pode determinar o cumprimento de uma decisão arbitral caso uma das partes se recuse a fazê-lo.

> **Título executivo judicial**
> *É todo documento que pode ser diretamente executado na Justiça. Ou seja, o Judiciário pode determinar o cumprimento das obrigações estabelecidas no título caso a parte envolvida não o faça espontaneamente. Pode consistir numa decisão do Judiciário à qual não cabe mais recurso, numa sentença arbitral ou num acordo feito durante o processo judicial ou na etapa inicial do procedimento de arbitragem.*

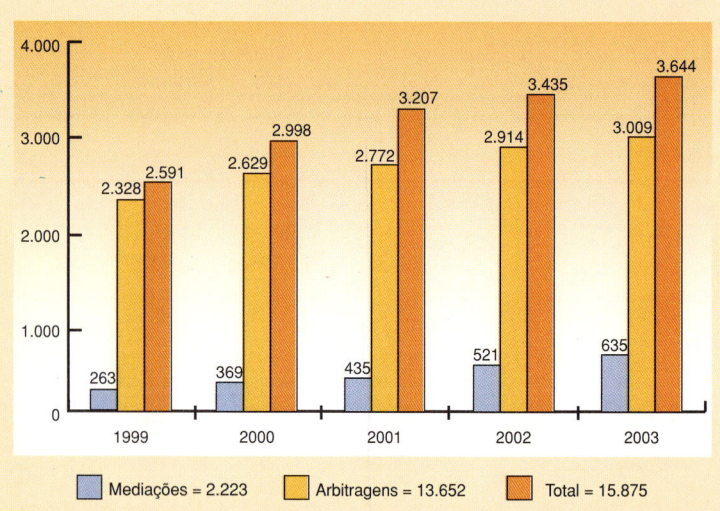

CRESCIMENTO DOS MÉTODOS ALTERNATIVOS NO BRASIL

De 1999 a 2003 foram feitas 13.652 arbitragens e 2.223 mediações (total de 15.875 casos)

Ano	Mediações	Arbitragens	Total
1999	263	2.328	2.591
2000	369	2.629	2.998
2001	435	2.772	3.207
2002	521	2.914	3.435
2003	635	3.009	3.644

■ Mediações = 2.223   ■ Arbitragens = 13.652   ■ Total = 15.875

Fonte: Pesquisa do Conselho Nacional das Instituições de Mediação e Arbitragem (Conima) com as 77 câmaras associadas.

Já o acordo obtido por métodos como mediação, conciliação ou negociação só tem força de sentença judicial quando feito dentro de um processo judicial, ou como etapa inicial do procedimento de arbitragem. Caso contrário, esse acordo vale apenas como um contrato entre as partes. Para valer como **título executivo extrajudicial**, ele deve ser assinado por duas testemunhas ou pelos advogados das partes.

Título executivo extrajudicial
Também pode ser executado na Justiça, mas resulta de obrigações estabelecidas fora da esfera do Judiciário. Exemplos: cheques, notas promissórias e duplicatas, ou documentos particulares assinados por duas testemunhas ou advogados.

JUSTIÇA RÁPIDA

A situação do Judiciário brasileiro

Uma das críticas mais freqüentes feitas ao Judiciário brasileiro diz respeito a sua morosidade. Não existem dados oficiais, mas estima-se que uma ação judicial no Brasil demore em média dez anos para ser concluída.

Não é para menos. O número de processos em tramitação no Judiciário brasileiro é impressionante. Só na Justiça estadual paulista, a maior do País, cerca de 12 milhões de ações tramitavam na primeira instância em maio de 2004. A cada ano são pelo menos 5 milhões de novos processos no Judiciário do Estado. Situação semelhante ocorre em praticamente todos os tribunais.

A quantidade de processos distribuídos aos 33 ministros que compõem o Superior Tribunal de Justiça (STJ) aumentou quase 600% em dez anos, passando de 33.336 em 1993 para 226.440 em 2003. O STJ é a corte que dá a última voz nas questões infraconstitucionais.

No Supremo Tribunal Federal (STF), encarregado de julgar questões que envolvam dispositivos da Constituição, a situação não foi diferente. No mesmo período, o número de processos distribuídos aos 11 ministros passou de 23.525 para 109.965, um crescimento de 367%.

Na Justiça do Trabalho, o número de processos recebidos passou de 1.882.388 para 2.299.768 nesses dez anos.

Explosão de processos

O aumento ano a ano dos processos judiciais pode ser explicado por diversos fatores. O primeiro é a democratização do País e a mudança cultural da sociedade. Mais consciente, a população passou a reivindicar seus direitos a partir da edição de novas leis, como o Código de Defesa do Consumidor, o que contribuiu para o aumento de processos no Judiciário.

A criação dos Juizados de Pequenas Causas em 1984, substituídos em 1995 pelos Juizados Especiais Cíveis, também facilitou o acesso à Justiça. O fato de os juizados serem gratuitos e dispensarem a presença de advogados em processos de até 20 salários mínimos contribuiu para sua popularização. Segundo o relatório anual de gestão do Tribunal de Justiça de São Paulo publicado em 2003, o número de ações nos 279 Juizados Especiais Cíveis do Estado mais que duplicou de 1999 a 2002.

A interiorização das varas federais e a criação, em 2001, dos Juizados Especiais Federais para causas de até 60 salários mínimos também representaram um considerável avanço para o acesso da população à Justiça. Segundo matéria publicada pelo jornal *Valor Econômico*, o número de processos levados aos juizados federais do país já somam mais de 1,5 milhão.

Aliadas ao crescimento do número de ações estão as dezenas de recursos possíveis para contestar as decisões judiciais. Em vez de garantir o direito de defesa, eles acabam favorecendo aqueles que querem protelar o cumprimento das decisões. Advogados relatam que, num mesmo processo, é possível apresentar pelo menos dez recursos, que geram uma sobrecarga ainda maior para o Judiciário.

A amplitude dos casos em que os recursos podem ser usados, somada a uma cultura de litígio, também possibilita que questões simples como brigas entre vizinhos e batidas leves de carros sejam levadas a julgamento pelos tribunais superiores, quando poderiam ser resolvidas em primeira instância ou mesmo fora dos tribunais.

Outro problema é o excesso de recursos apresentados pelo Estado, o maior cliente do Judiciário. Atualmente, metade dos processos em tramitação na Justiça Federal refere-se a créditos governamentais em execuções fiscais no valor de R$ 230 bilhões.

Problemas estruturais

Embora tenha se ampliado na última década, a estrutura do Judiciário não conseguiu acompanhar o aumento do número de ações e recursos. Fatores como orçamento apertado, deficiência na informatização e número insuficiente de servidores – além de recursos em quantidade excessiva – são alguns dos problemas estruturais da Justiça. Em São Paulo, cada um dos 1.590 juízes estaduais de primeiro grau teria mais de 7 mil processos para julgar, conforme as estatísticas de maio de 2004. No STF, quando se divide o total de processos julgados em 2003 pelo número de ministros, chega-se ao absurdo total de 14 mil processos por magistrado.

Como é dito reiteradamente, a morosidade do Judiciário impacta de modo negativo a economia brasileira. Pesquisa publicada pelo antigo Instituto de Estudos Econômicos Sociais e Políticos (Idesp) em 2000 concluiu que uma melhora no sistema Judiciário brasileiro resultaria em crescimento do PIB a taxas 25% mais altas.

Soluções à vista

O projeto de Reforma do Judiciário está em discussão no Congresso Nacional desde 1992, propondo uma série de mudanças institucionais no Judiciário. Mais recentemente, porém, começaram a surgir iniciativas governamentais que sugerem uma modificação na própria cultura de litígio.

Em agosto de 2003, uma comissão interministerial propôs a criação de uma Câmara de Conciliação da Administração Federal, à qual caberia o mapeamento dos conflitos envolvendo o governo federal e o encaminhamento de propostas de solução ao advogado-geral da União. Uma das sugestões da comissão é o incentivo à tentativa de acordos nas ações do governo federal.

CONHECENDO A ARBITRAGEM

ENTENDA O PROCESSO PARA DEFENDER SEUS INTERESSES

Estude as possibilidades
existentes, descubra suas vantagens
e faça a melhor opção

CONHECENDO A ARBITRAGEM
ENTENDA O PROCESSO PARA DEFENDER SEUS INTERESSES

Quero usar a arbitragem: por onde começar?

Verifique se o contrato contém uma cláusula de arbitragem. Se não tiver, proponha o uso do procedimento depois que surgir o conflito

Por mais bem escrito que seja um contrato, as partes envolvidas eventualmente podem entrar em desacordo quanto a seus direitos e obrigações. Disputas são inevitáveis no dia-a-dia dos relacionamentos e negócios. Então, por que não resolvê-las de forma simples e sem rancor?

Se você acredita que a arbitragem é a melhor forma de resolver possíveis conflitos numa relação contratual, deixe isso claro desde o início: faça a opção pelo procedimento por meio de uma cláusula compromissória. A cláusula implica a renúncia automática dos contratantes em levar eventuais problemas ao Judiciário. Com isso, você evita o desgaste de, diante de uma disputa, ter de convencer a outra parte a usar a arbitragem. Lembre-se: é muito mais fácil entrar em acordo logo de início do que mais tarde, quando emergirem os desentendimentos.

E se um problema surgiu e seu contrato não tem cláusula compromissória? Nesse caso, a arbitragem só pode ser usada se todos os envolvidos no caso concordam expressamente em resolver a questão por esse caminho. Para demonstrar a opção consensual pela arbitragem, as partes devem assinar um compromisso arbitral, que comprova a intenção de não levar o assunto ao Judiciário. Tanto a cláusula compromissória como o compromisso arbitral são chamados de convenções de arbitragem.

Cláusula compromissória
Também chamada de cláusula arbitral. Nela, as partes se comprometem a submeter à arbitragem (e não ao Judiciário) eventuais conflitos futuros em torno da relação contratual. A cláusula, portanto, precede a existência do problema. Ela deve ser feita por escrito, podendo estar inserida no contrato ou em documento separado que remeta a ele.

Compromisso arbitral
Documento que manifesta o compromisso das partes em submeter um conflito à arbitragem, abrindo mão de levá-lo ao Judiciário. É feito quando já existe uma controvérsia e contém dados sobre as partes envolvidas, os árbitros eleitos (ou a câmara de arbitragem indicada), o assunto e o lugar onde será emitida a sentença arbitral.

Convenção de arbitragem
Instrumento necessário para que as partes submetam seus conflitos à arbitragem. É a designação geral para a cláusula compromissória e o compromisso arbitral, podendo ser constituída por ambos ao mesmo tempo.

Alguém pode ser obrigado a usar a arbitragem?

A arbitragem é facultativa no Brasil, mas os tribunais ainda têm de definir se é possível a edição de leis que determinem o uso obrigatório em casos específicos

Ninguém pode ser obrigado por outra pessoa ou empresa a usar a arbitragem. A opção pelo procedimento arbitral, diferentemente do judicial, tem de ser feita livremente pelas partes envolvidas por meio de contrato.

Vale lembrar: a partir do momento em que a escolha da arbitragem é expressa num contrato ou compromisso, as partes se obrigam a cumprir o estabelecido nesses documentos. Ou seja, se um contrato contiver uma cláusula compromissória, uma das partes não poderá mudar de idéia e recorrer ao Judiciário. A desistência em utilizar a arbitragem só pode ocorrer de comum acordo.

A possibilidade da edição de leis determinando o uso compulsório da arbitragem em casos específicos, por sua vez, ainda tem de ser definida pelo Judiciário brasileiro. A discussão foi levantada com a edição da Medida Provisória nº 2.221, de 4 de setembro de 2001, que prevê que determinados conflitos de incorporações imobiliárias relacionados à insolvência do incorporador deverão ser obrigatoriamente resolvidos por arbitragem.

Após a edição da MP, a Ordem dos Advogados do Brasil (OAB) entrou com uma Ação Direta de Inconstitucionalidade no Supremo Tribunal Federal (STF) para questionar o artigo da medida que trata da arbitragem obrigatória. A OAB sustenta que as pessoas não podem ser obrigadas a desistir de levar um assunto ao Judiciário. O argumento se baseia no artigo 5º, parágrafo 35 da Constituição Federal, segundo o qual "a lei não excluirá da apreciação do Poder Judiciário lesão ou ameaça a direito".

A arbitragem obrigatória é aquela em que a lei determina que os conflitos relacionados a assuntos específicos serão necessariamente resolvidos pelo procedimento. Nesse caso, o juiz está legalmente impedido de analisar uma ação judicial sobre o assunto. Alguns países admitem o uso da arbitragem obrigatória para casos específicos, como Chile e Portugal. No Brasil, a questão ainda deve ser definida pelos tribunais.

Ação Direta de Inconstitucionalidade
É ajuizada diretamente no STF para discutir o cumprimento de artigos da Constituição Federal. A OAB é uma das entidades competentes para entrar com esse tipo de ação.

Supremo Tribunal Federal
Como a mais alta corte do País, dá a última palavra nas questões constitucionais.

CONHECENDO A ARBITRAGEM
ENTENDA O PROCESSO PARA DEFENDER SEUS INTERESSES

O que é arbitragem institucional?

É a arbitragem administrada por uma instituição técnica especializada, que fornece orientação e suporte durante o procedimento

A arbitragem pode ser instaurada de duas formas: a institucional e a *ad hoc*. A institucional, mais comum, tem seu processo administrado por uma câmara de arbitragem. As câmaras têm regulamentos próprios, que definem os procedimentos para a condução da arbitragem, os quais variam de instituição para instituição. Elas também oferecem auxílio técnico e *know-how* para o desenvolvimento dos casos.

Em sua maioria, as câmaras fornecem uma lista de árbitros para escolha e indicação pelos envolvidos no conflito. Depois que o árbitro é indicado, a câmara verifica se o candidato detém os requisitos legais e morais para analisar o caso, assim como o conhecimento técnico necessário para decidi-lo.

A vantagem da arbitragem institucional é que ela contribui para a segurança e tranqüilidade dos participantes. A câmara de arbitragem toma conta do processo arbitral e colabora para seu bom andamento, cuidando de providências administrativas como intimação, envio de correspondências e comunicação entre as partes e o árbitro, além de poder fornecer outros subsídios, como a jurisprudência arbitral.

> **FIQUE DE OLHO**
>
> ■ As câmaras de arbitragem apenas administram os procedimentos arbitrais, sem julgá-los. A decisão do caso cabe unicamente ao árbitro ou árbitros indicados pelos participantes no processo de arbitragem.

O que é arbitragem *ad hoc*?

É a arbitragem administrada pelos próprios participantes do conflito, sem o suporte de uma instituição

Diferentemente do que ocorre na arbitragem institucional, no processo *ad hoc* as próprias partes envolvidas no conflito fixam os procedimentos para a análise do caso – respeitando, é claro, os princípios legais. Os árbitros nomeados para decidir a causa se tornam os responsáveis pelo processo. A arbitragem *ad hoc* é feita, portanto, sem a intermediação de uma câmara arbitral.
As regras podem ser definidas pelos contratantes na convenção de arbitragem (acordo necessário para se instaurar o processo) ou fixadas pelos árbitros. Elas incluem o local da arbitragem, a legislação aplicável, o idioma a ser usado, os prazos, a forma de notificação dos participantes, o modo de apresentação de documentos, as provas necessárias, o uso ou não de perícia e a realização de audiência, entre outras definições específicas de cada caso. Ou seja, as partes prevêem como será o procedimento do início ao fim. A principal vantagem da arbitragem *ad hoc* é permitir que as regras sejam fixadas de acordo com as necessidades de cada caso, dando aos participantes maior controle sobre o processo. O principal problema é a falta de uma instituição para cuidar do andamento da causa e oferecer apoio técnico e administrativo.
O formato *ad hoc* é mais comumente empregado por grandes empresas, bancos e entidades públicas que já têm amplo conhecimento da arbitragem. Alguns exemplos de arbitragens *ad hoc* são os procedimentos de solução de controvérsias geralmente usados dentro do Acordo de Livre Comércio da América do Norte (Nafta) e do Mercosul.

Os interessados em usar o formato ad hoc *podem consultar regulamentos de arbitragem de instituições internacionais, como o da Comissão das Nações Unidas para o Direito Comercial Internacional (Uncitral, na sigla em inglês) e o do Instituto CPR para Resolução de Disputas (CPR Institute for Dispute Resolution), de Nova York. Elaborados por especialistas de vários países, os documentos serviram como base para regulamentos de diversas câmaras de arbitragem no Brasil. Os regulamentos podem ser acessados pela internet: www.uncitral.org e www.cpradr.org.*

Ad hoc
A expressão latina ad hoc *significa literalmente "para isto", "para determinado ato".*

CONHECENDO A ARBITRAGEM
ENTENDA O PROCESSO PARA DEFENDER SEUS INTERESSES

Como optar entre a arbitragem *ad hoc* e a institucional?

A escolha do tipo de procedimento é um passo importante para uma solução bem-sucedida

A arbitragem institucional é usada com mais freqüência do que o procedimento *ad hoc*. Isso acontece porque o respaldo de uma câmara de arbitragem possibilita uma série de facilidades aos envolvidos no conflito: a comunicação com os árbitros, regras prontas para condução do caso, assim como previsões para situações que podem gerar discordância durante o procedimento. Além disso, os funcionários da câmara de arbitragem devem seguir um código de ética e um regulamento interno, o que favorece o bom andamento do processo. A câmara deve, ainda, avaliar a independência e a imparcialidade dos árbitros, os quais recebem importante assistência da câmara, que lhes abre o acesso a documentos e a uma jurisprudência arbitral. A própria experiência da câmara traz ganhos para o procedimento.

A falta de respaldo institucional torna a arbitragem *ad hoc* menos recomendada na maioria das vezes. As partes não-especializadas podem ter dificuldades na definição de procedimentos se não contarem com suporte técnico. A exceção é quando os envolvidos no conflito conhecem bem o assunto e têm experiência no uso da arbitragem. Nesse caso, o procedimento *ad hoc* pode ser vantajoso, dando aos participantes mais poder de controle sobre o caso e maior flexibilidade. Com isso, o processo pode ganhar em eficiência e informalidade, além da redução de custos, ao evitar as taxas de administração cobradas pelas câmaras de arbitragem.

> **SAIBA MAIS**
>
> *Às vezes, na arbitragem ad hoc, os árbitros nomeiam um secretário remunerado para auxiliá-los no trabalho de intimação das partes, recebimento e expedição de documentos e outras funções. O secretário pode ser um dos árbitros indicados para julgar o procedimento.*

O que é cláusula compromissória?

A cláusula indica a concordância dos contratantes em resolver futuros conflitos pela arbitragem, e não no Judiciário

A cláusula compromissória, também chamada cláusula arbitral, é um instrumento pelo qual as partes contratantes se comprometem a submeter à arbitragem os eventuais conflitos no relacionamento. Ela deve constar por escrito do contrato (ou em documento separado que remeta ao contrato, assinado pelas partes). Feita num momento anterior ao surgimento do conflito, a cláusula compromissória significa a desistência prévia e automática de levar futuras controvérsias ao Judiciário.

E se, diante de um conflito, uma das partes quiser levar o caso ao Judiciário? Se o contrato tem uma cláusula compromissória, não adianta nem alegar arrependimento: cumprir a cláusula é uma obrigação em termos legais.

E se o contrato for considerado nulo ou se for verificada a ocorrência de vícios? Ainda assim, a cláusula compromissória pode continuar valendo, pois a lei determina que ela é autônoma em relação ao contrato. Nesse caso, cabe ao árbitro decidir sobre a validade tanto da cláusula arbitral como do contrato.

CONHECENDO A ARBITRAGEM
ENTENDA O PROCESSO PARA DEFENDER SEUS INTERESSES

O que deve conter a cláusula compromissória?

Para evitar mais problemas depois que já surgiu o conflito, vale a pena redigir uma cláusula detalhando como será o procedimento de arbitragem

Existem dois tipos de cláusula compromissória: a vazia e a cheia. A cláusula vazia contém apenas a previsão de submeter futuras controvérsias à arbitragem, sem prever a forma de instauração do procedimento. Já a cláusula cheia estabelece como a arbitragem será feita, incluindo as regras a serem seguidas no processo.
Se na cláusula compromissória as partes mencionarem o regulamento de alguma câmara de arbitragem, o procedimento será instituído e processado de acordo com ele. Caso contrário, as regras podem ser estabelecidas na própria cláusula de arbitragem ou em outro documento.
A cláusula cheia deve especificar se a arbitragem ficará por conta de uma câmara, mencionando o nome da instituição, ou se haverá uma arbitragem *ad hoc*. Ela também deve definir a forma de indicação e o número de árbitros (geralmente um ou três), os locais da arbitragem e da emissão da sentença, a legislação aplicável e o idioma a ser usado, se o caso for internacional.

MODELO DE CLÁUSULA COMPROMISSÓRIA CHEIA*

1. Qualquer controvérsia decorrente da interpretação ou da execução do presente contrato será definitivamente resolvida por arbitragem, de conformidade com as regras de arbitragem da _____ (citar câmara de arbitragem).

2. O número de árbitros será de _____ (um/três).

3. A arbitragem terá sede em _____ (indicar local) e obedecerá obrigatoriamente às regras de arbitragem da _____ (citar regulamento de arbitragem a ser seguido).

4. A lei aplicável à controvérsia será _____ (citar legislação e país).

5. A arbitragem será conduzida no idioma _____ (citar).

* Baseada em modelo do Centro de Arbitragem da Câmara Americana de Comércio (Amcham).

Quais os perigos mais comuns na redação da cláusula compromissória?

Omissões e ambigüidades podem causar discordância e prejuízo

Um dos erros mais graves e comuns é a inserção de uma cláusula compromissória num contrato que já contenha outra cláusula elegendo um foro judicial para a solução de conflitos. Em situações como essa, o Judiciário tem entendido que a arbitragem não é obrigatória, podendo uma das partes decidir entrar com um processo no Judiciário. Foi esse o entendimento do Tribunal de Justiça de São Paulo, por exemplo, ao julgar um recurso em que uma das partes contratantes pedia que o caso fosse levado à arbitragem (AI 129.131-4/3). Como o contrato que gerou o conflito continha, ao mesmo tempo, uma cláusula compromissória e uma cláusula elegendo o foro central da cidade de São Paulo como local de solução de controvérsias, o tribunal entendeu que a arbitragem seria facultativa.

Outro problema freqüente se dá quando a cláusula compromissória define a cidade em que o procedimento será feito, mas não inclui o nome da câmara de arbitragem – a indicação da câmara com denominação incompleta ou equivocada também pode gerar problemas no futuro. Mais um perigo está na cláusula vazia, que elege a arbitragem como método de solução de conflitos, mas não indica a forma do procedimento a ser seguido. Vale lembrar que, durante a ocorrência do conflito, as partes terão muito mais dificuldade em entrar em acordo a respeito das regras do procedimento. Se não houver consenso, as partes provavelmente terão de recorrer ao Judiciário para instaurar a arbitragem, o que pode resultar em considerável atraso no processo arbitral.

Quando omissas, defeituosas, ambíguas ou contraditórias, as cláusulas são chamadas de doentes ou patológicas. Elas normalmente resultam na instauração de um processo judicial para esclarecer a intenção dos contratantes ao optar pela arbitragem, o que pode atrasar bastante a instauração da arbitragem e onerar as partes. Por isso, seja muito cauteloso ao redigir a cláusula compromissória e, se preciso, consulte um advogado. Prefira cláusulas arbitrais exaustivas, para evitar dúvidas quanto à instauração da arbitragem e impedir que a questão seja levada ao Judiciário.

CONHECENDO A ARBITRAGEM
ENTENDA O PROCESSO PARA DEFENDER SEUS INTERESSES

RECOMENDAÇÕES PARA A REDAÇÃO DA CLÁUSULA COMPROMISSÓRIA

Identificar o local da arbitragem.

Indicar a forma da arbitragem: se será por intermédio de câmara arbitral, seguindo seu regulamento (arbitragem institucional), ou pela instituição de regras pelas próprias partes (arbitragem *ad hoc*).

No caso de arbitragem *ad hoc*, indicar a forma de nomear árbitros e de iniciar o procedimento arbitral.

No caso de arbitragem institucional, usar a cláusula compromissória padrão proposta pela câmara de arbitragem.

Também no caso da arbitragem institucional, evitar a formulação de procedimentos que possam estar em desacordo com as regras da câmara escolhida (a não ser os prazos, que podem ser modificados).

Indicar o número de árbitros (geralmente um ou três).

Nas arbitragens com três árbitros, indicar a forma de escolha do presidente do tribunal arbitral – a não ser que tenha sido escolhida uma câmara arbitral com regulamento que trate do assunto.

Indicar se a arbitragem será de direito ou por eqüidade.

No caso de arbitragem de direito, indicar as leis aplicáveis à arbitragem.

Em casos internacionais, identificar o idioma da arbitragem.

Fonte: Baseado em memorando do escritório Pinheiro Neto Advogados (autor: Bruno Barretto Simões Corrêa), Rio de Janeiro, 5 de março de 2004.

O que é compromisso arbitral?

É um documento que demonstra o compromisso em solucionar um conflito pela arbitragem em vez de se recorrer ao Judiciário

Se uma controvérsia surgiu, a arbitragem pode ser instaurada mesmo que o contrato não preveja seu uso. Para isso, as partes devem assinar um compromisso arbitral, em que se obrigam a usar a arbitragem em vez de decidir o caso no Judiciário. O compromisso arbitral deve conter obrigatoriamente dados sobre as partes, os árbitros eleitos (ou a câmara de arbitragem que poderá fazer a indicação), o assunto a ser decidido e o lugar em que será proferida a sentença arbitral. O documento pode também especificar o local do procedimento, se a arbitragem será de direito ou por eqüidade, o prazo para a decisão, a legislação aplicável ao caso e os honorários dos árbitros. Mesmo que exista uma cláusula compromissória no contrato, o compromisso arbitral poderá ser firmado depois da ocorrência do conflito para definir como será o procedimento. Este documento é também chamado de termo de arbitragem.
O compromisso arbitral pode ser feito por um documento particular, assinado pelas partes e por duas testemunhas, ou no Judiciário, quando, no curso de uma ação judicial, as partes desistem do processo e resolvem solucionar a questão por arbitragem. O compromisso arbitral também pode ser estabelecido na Justiça quando o uso da arbitragem for previsto numa cláusula arbitral vazia, para que sejam definidos os detalhes do procedimento.

Eqüidade
Quando julga por eqüidade, o árbitro leva em conta princípios de justiça baseando-se em sua experiência, bom senso, saber e entendimento, sem seguir estritamente a lei.

Termo de arbitragem
Documento assinado pelas partes, árbitros e testemunhas e que define o assunto em pauta e o procedimento a ser seguido. Normalmente, o termo indica o árbitro, fixa o prazo para apresentação da sentença e define a lei que será usada na análise do problema, entre outros detalhes, como o local das audiências.

CONHECENDO A ARBITRAGEM
ENTENDA O PROCESSO PARA DEFENDER SEUS INTERESSES

O COMPROMISSO ARBITRAL DEVE CONTER OBRIGATORIAMENTE

Nome, profissão, estado civil e domicílio dos participantes.

Nome, profissão e domicílio do árbitro, ou identificação da câmara de arbitragem à qual as partes delegaram a indicação de árbitros.

A matéria que será objeto da arbitragem.

O lugar em que será proferida a sentença arbitral.

Fonte: Lei nº 9.307/96 (Lei de Arbitragem).

O COMPROMISSO ARBITRAL PODE CONTER

O local onde será feita a arbitragem.

A autorização para que o árbitro julgue por eqüidade, se assim for decidido pelas partes.

O prazo para apresentação da sentença arbitral.

A indicação da lei ou regras aplicáveis à arbitragem, quando assim convencionarem as partes.

A declaração da responsabilidade pelo pagamento dos honorários e das despesas com a arbitragem.

A fixação dos honorários dos árbitros.

Fonte: Lei nº 9.307/96 (Lei de Arbitragem).

Como faço para levar um conflito a uma câmara de arbitragem?

Pesquise com cuidado as intituições existentes para saber se elas oferecem um perfil adequado ao seu caso

Se existe acordo quanto ao uso da arbitragem e se houver a opção por usar uma câmara arbitral, uma das partes deve tomar a iniciativa de notificar a entidade por conta própria ou por meio de um advogado.
Em geral, a notificação deve conter o nome das partes, sua qualificação e endereço, telefone e e-mail, além do motivo, objeto e valor do conflito.
O contrato que gerou o desentendimento também deve ser anexado à notificação, juntamente com a cláusula compromissória ou o compromisso arbitral que elegeu aquela câmara de arbitragem para gerenciar o procedimento. Todos os documentos relevantes para a controvérsia devem ser apresentados. Em alguns casos, o regulamento da câmara demanda a apresentação de uma petição inicial detalhada, semelhante à exigida pelo Judiciário.
A escolha antecipada de uma câmara de arbitragem para resolver conflitos é a forma mais recomendável para evitar divergências posteriores sobre a instituição que conduzirá o processo. Caso a câmara de arbitragem não tenha sido escolhida previamente, sugira à outra parte a busca conjunta de instituições especializadas na área do conflito.

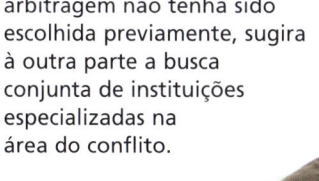

CONHECENDO A ARBITRAGEM
ENTENDA O PROCESSO PARA DEFENDER SEUS INTERESSES

Como é o procedimento de solução de conflito nas câmaras de arbitragem?

Os participantes indicam um ou mais árbitros para analisar e julgar o caso

Depois de a câmara de arbitragem ter sido comunicada do procedimento, todos os envolvidos no conflito devem ser imediatamente notificados e chamados a indicar árbitros para analisar o conflito. Na maioria das vezes, a câmara de arbitragem oferece uma lista de profissionais que atuam como árbitros em diferentes áreas. As partes também podem delegar à instituição a função de indicar os árbitros. Cabe à câmara entrar em contato com os árbitros indicados e verificar se eles podem ou não aceitar a indicação. A arbitragem é legalmente instaurada quando o árbitro único ou o tribunal arbitral aceita a nomeação.
Se a convenção de arbitragem não explicita todas as questões referentes ao procedimento, as partes e os árbitros fazem um adendo ao documento, para definir o lugar do processo, a responsabilidade pelo pagamento de custos processuais, os honorários de peritos e árbitros, a autorização para que o julgamento siga princípios de eqüidade (se esse for o caso) e a lei aplicada, além do prazo para a sentença. O regulamento da própria instituição arbitral serve para suprir eventuais omissões.
No início do processo, o árbitro pode tentar conciliar as partes. Se isso não ocorrer, tem início a arbitragem propriamente dita. Em geral, há pelo menos uma audiência para depoimento, apresentação de provas, relatos, testemunhas e acusações. O dia, a hora e o local do depoimento são comunicados previamente por escrito. O árbitro também pode pedir provas e perícias. O procedimento chega ao fim com o proferimento da sentença, no prazo definido pelas partes.

Tribunal arbitral
Colegiado de árbitros (geralmente três) eleitos pelas partes para julgar uma controvérsia. O tribunal é automaticamente dissolvido quando termina o procedimento.

FIQUE DE OLHO

■ *O procedimento arbitral sempre tem de respeitar os princípios do contraditório (argumentação de defesa), da igualdade das partes, da imparcialidade do árbitro e do seu livre convencimento.*

FLUXOGRAMA DO PROCESSO NAS CÂMARAS DE ARBITRAGEM*

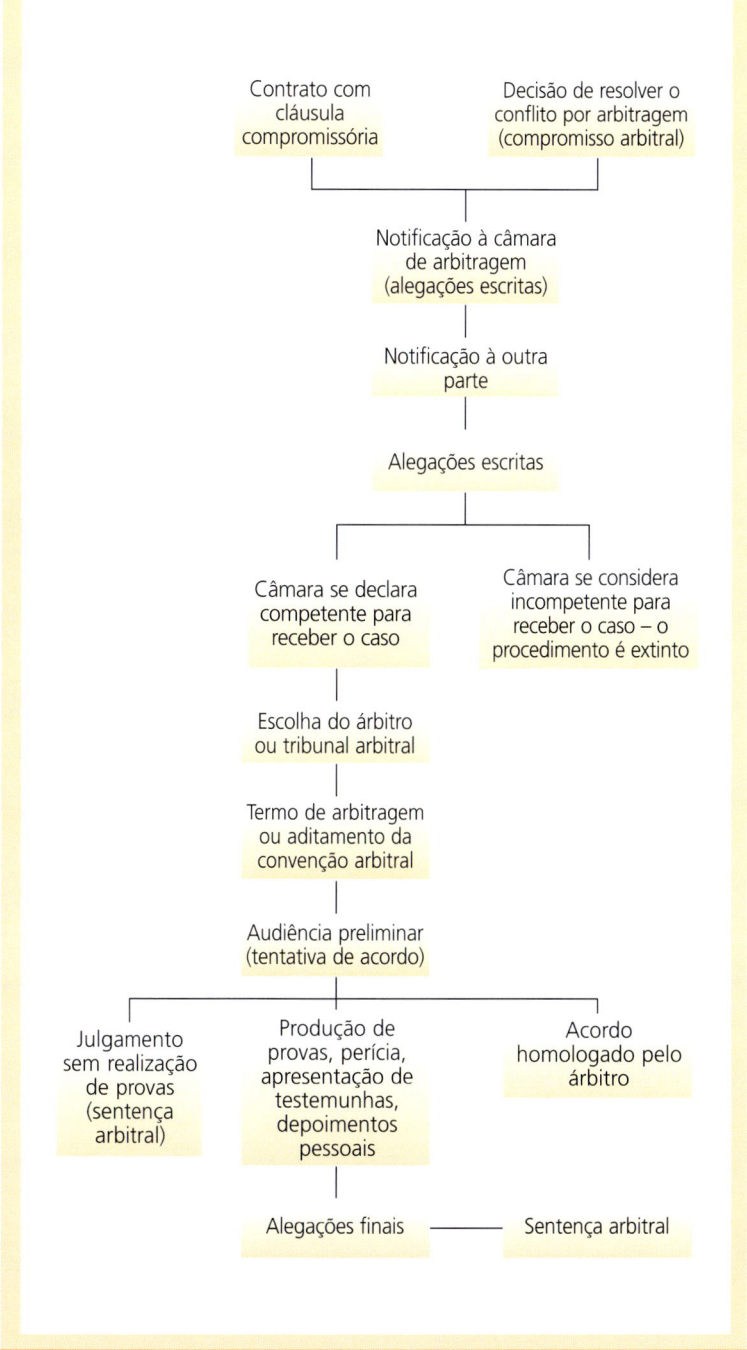

- Contrato com cláusula compromissória
- Decisão de resolver o conflito por arbitragem (compromisso arbitral)
    - Notificação à câmara de arbitragem (alegações escritas)
        - Notificação à outra parte
            - Alegações escritas
                - Câmara se declara competente para receber o caso
                    - Escolha do árbitro ou tribunal arbitral
                        - Termo de arbitragem ou aditamento da convenção arbitral
                            - Audiência preliminar (tentativa de acordo)
                                - Julgamento sem realização de provas (sentença arbitral)
                                - Produção de provas, perícia, apresentação de testemunhas, depoimentos pessoais
                                    - Alegações finais — Sentença arbitral
                                - Acordo homologado pelo árbitro
                - Câmara se considera incompetente para receber o caso – o procedimento é extinto

* Fluxograma meramente ilustrativo, podendo variar de acordo com a câmara de arbitragem e o caso específico.

CONHECENDO A ARBITRAGEM
ENTENDA O PROCESSO PARA DEFENDER SEUS INTERESSES

O que é uma audiência arbitral?

É o momento em que as partes se reúnem com os árbitros para apresentar alegações, defesa e provas e ouvir testemunhas

Assim como no Judiciário, na arbitragem também são feitas audiências. Elas têm como objetivo reunir os envolvidos para que cada um exponha seu ponto de vista em relação à controvérsia. Ao fazer a defesa, as partes podem apresentar provas e levar testemunhas que contribuam com informações relevantes para a decisão do árbitro.

Ao contrário da audiência judicial, num procedimento arbitral a audiência caracteriza-se pela informalidade, como em uma reunião. Os participantes podem fazer perguntas diretamente aos árbitros, o que não é permitido no Judiciário.

Para participar da arbitragem, as testemunhas não precisam estar fisicamente presentes na audiência. O árbitro admite ouvi-las por videoconferência, telefone ou e-mail, podendo também aceitar declarações por escrito.

O árbitro também tem liberdade para pedir as provas que entender necessárias para a tomada da decisão.

Em geral, a primeira audiência é feita para a assinatura do termo de arbitragem ou do compromisso arbitral. É a partir da assinatura desses documentos que normalmente começa o prazo para os participantes apresentarem suas alegações. Apesar de sua importância, a audiência não é obrigatória na arbitragem. Se o conflito envolve apenas questões de direito, como, por exemplo, a interpretação de uma cláusula do contrato, as reuniões com as partes podem ser dispensáveis, assim como as testemunhas.

O que é sentença arbitral?

Trata-se do resultado do julgamento do árbitro, que não está sujeito a recursos e pode ser diretamente executado no Judiciário

A decisão de um ou mais árbitros no procedimento de arbitragem é chamada sentença arbitral ou laudo arbitral. Trata-se do resultado do julgamento que determina quem está com a razão no conflito e o que deve ser feito para solucionar o problema.

Ao contrário da sentença judicial, a decisão do árbitro não pode ser contestada no mérito por meio de recursos a uma segunda instância arbitral ou no Judiciário. A Lei de Arbitragem prevê a possibilidade de anulação da sentença apenas em casos de erros no procedimento arbitral ou em relação ao acordo em usar a arbitragem.

O procedimento termina com a sentença arbitral. O árbitro (ou o tribunal arbitral) deve enviar às partes uma cópia da decisão, por correio ou outro meio estipulado previamente, mediante comprovação de recebimento. Dependendo do regulamento da câmara, as partes podem ser convocadas a buscar pessoalmente a decisão, ou marca-se uma audiência para que os participantes recebam simultaneamente a sentença.

A sentença arbitral tem a mesma força de uma decisão judicial e equivale a um título executivo judicial. Isso quer dizer que, mesmo que uma das partes não concorde com o resultado, ela pode ser compelida pelo Judiciário a cumprir a decisão. A sentença também é usada para oficializar acordos feitos entre os participantes ainda durante o procedimento arbitral, tornando obrigatório seu cumprimento.

O árbitro deve ser preciso ao proferir a sentença arbitral, pois ele não pode julgar nem a menos nem a mais do que foi definido no termo de arbitragem ou no compromisso arbitral. Se isso ocorrer, a decisão pode ser anulada pela Justiça. A sentença deve conter uma orientação completa sobre como cumprir o que foi decidido. Quando envolve, por exemplo, o pagamento de determinada quantia, a sentença tem de estipular o valor exato, a forma de cálculo de eventuais multas e juros, o número de parcelas e o prazo para a quitação.

CONHECENDO A ARBITRAGEM

ENTENDA O PROCESSO PARA DEFENDER SEUS INTERESSES

Quanto tempo demora para sair uma sentença arbitral?

O prazo é definido pelos participantes do procedimento, podendo variar de acordo com a complexidade do caso

Num procedimento de arbitragem, as próprias partes envolvidas no conflito, em conjunto com os árbitros, definem um prazo para a sentença arbitral. Se este não for estipulado, o período máximo para a apresentação da decisão será de seis meses, conforme determina a Lei de Arbitragem. A contagem do prazo tem início na data de instituição do procedimento arbitral.

Na prática, o tempo específico depende do tipo de caso e da complexidade do assunto envolvido. Questões simples, como dúvidas a respeito do pagamento de um contrato de aluguel, podem ser resolvidas em menos de um mês. Já as soluções de procedimentos relacionados a grandes conflitos comerciais por vezes demoram mais de um ano, pois costumam envolver fatores como línguas distintas, legislações diferentes e provas mais difíceis de serem produzidas.

Caso seja necessário mais tempo para se chegar a uma solução, a Lei de Arbitragem permite prorrogar o prazo estipulado inicialmente para a decisão – mas apenas se houver comum acordo entre as partes e os árbitros. Caso não haja consenso sobre uma nova data, mantém-se o prazo original.

O QUE DEVE CONTER A SENTENÇA ARBITRAL

1. Relatório com o nome das partes e um resumo da controvérsia.

2. Fundamentos da decisão, incluindo fatos concretos e argumentos legais, mencionando se os árbitros julgaram segundo regras de direito ou por eqüidade.

3. Decisão dos árbitros sobre a questão e prazo estabelecido para o cumprimento.

4. Data e local de proferimento.

Fonte: Artigo 26 da Lei nº 9.307/96 (Lei de Arbitragem).

E se eu discordar da sentença arbitral?

A decisão não está sujeita a recursos de mérito nem no Judiciário nem em outra instância arbitral

No prazo de cinco dias a contar do recebimento da sentença arbitral ou de sua notificação, a parte interessada pode solicitar ao árbitro ou ábitros que corrijam qualquer falha da decisão – como, por exemplo, um erro de cálculo de valores devidos. Esse recurso é chamado embargo arbitral. O árbitro (ou tribunal arbitral) tem então dez dias para, se necessário, acrescentar as informações na sentença arbitral e comunicar as partes sobre a mudança. Lembre-se de que essa é a única oportunidade de questionar o teor da sentença arbitral, pois ela não admite a possibilidade de recursos de mérito nem a uma outra instância arbitral nem no Judiciário. A sentença arbitral só pode ser sujeita a uma ação para questionar sua validade em situações relacionadas à existência de problemas formais durante o procedimento arbitral ou na convenção de arbitragem.

Embargo arbitral
Recurso usado por um dos envolvidos no conflito para esclarecer alguma obscuridade, omissão, dúvida ou contradição da sentença.

CONHECENDO A ARBITRAGEM
ENTENDA O PROCESSO PARA DEFENDER SEUS INTERESSES

É preciso contratar um advogado para participar da arbitragem?

Embora não obrigatória, a assessoria de um advogado no procedimento arbitral é recomendada na maioria dos casos

A Lei de Arbitragem brasileira não exige que os participantes de um procedimento arbitral estejam acompanhados de um advogado. As partes envolvidas no conflito, portanto, podem iniciar sozinhas a arbitragem, fazendo por conta própria a argumentação a respeito do caso. Apesar disso, o acompanhamento da arbitragem por um advogado que conheça o tema discutido costuma ser recomendado por especialistas. O objetivo consiste em garantir que ambas as partes estejam totalmente cientes de seus direitos, de maneira que possam defendê-los da melhor maneira possível. A presença do advogado pode contribuir para que os interesses dos contratantes sejam bem explicados ao árbitro e devidamente respaldados por argumentos legais.

É mais barato usar a arbitragem ou entrar na Justiça?

O custo do procedimento depende do assunto e da complexidade do caso

O custo da arbitragem varia de acordo com a câmara arbitral e com os honorários cobrados pelos árbitros. Antes de indicar uma câmara de arbitragem na cláusula compromissória ou no compromisso arbitral, portanto, é necessário verificar os valores das taxas de administração cobradas pela instituição arbitral e dos honorários dos árbitros.

Em termos gerais, a arbitragem pode sair mais barata do que o Judiciário em procedimentos simples, que demandem poucas horas de trabalho do árbitro. Alguns exemplos são contratos de locação e questões trabalhistas, dependendo do caso específico.

Para questões mais complexas, a solução pela arbitragem pode sair mais cara, principalmente quando se leva em conta que, como o procedimento arbitral corre muito mais rapidamente do que a ação judicial, o desembolso será feito em um prazo menor.

CONHECENDO A ARBITRAGEM
ENTENDA O PROCESSO PARA DEFENDER SEUS INTERESSES

Que tipos de desvantagens podem existir na arbitragem?

Avalie as peculiaridades de seu caso para decidir se o procedimento vale a pena

A primeira possível desvantagem é a necessidade de desembolso maior de dinheiro no curto prazo, devido à rapidez da decisão. Enquanto o cumprimento de uma sentença judicial pode ser postergado por uma quantidade enorme de recursos, no procedimento arbitral esse tipo de artifício não se aplica. Em conseqüência, o pagamento dos honorários dos árbitros e advogados e das taxas de administração da câmara de arbitragem, assim como dos valores necessários para o cumprimento da decisão arbitral, também serão mais rápidos.

A arbitragem talvez não seja uma boa opção também para quem precisa de um precedente legal para guiar condutas futuras. Enquanto as decisões judiciais criam uma jurisprudência, as sentenças arbitrais são normalmente sigilosas e não formam precedentes a serem necessariamente seguidos. Outra desvantagem: a arbitragem pode ser pouco familiar tanto para os participantes como

> **Jurisprudência**
> Originado do latim *juris*, direito, e *prudentia*, sabedoria, o termo designa o conjunto de decisões de juízes ou tribunais sobre um mesmo assunto e que podem ser indicativas de decisões futuras.

para seus advogados. Profissionais treinados para resolver litígios judiciais podem relutar em apoiar a inserção de cláusulas arbitrais nos contratos. A busca por mais informações para esclarecimento das partes, contudo, basta para solucionar esse problema.

Por fim, a arbitragem muitas vezes dá margem a preocupações sobre a desigualdade no poder de barganha das partes. A melhor forma de resolver isso é participar do procedimento arbitral acompanhado de um advogado e buscar uma câmara arbitral conhecida, idônea e competente.

Ao usar a arbitragem institucional, convém eleger uma câmara que tenha conhecimento e experiência em casos semelhantes à controvérsia em questão. Para isso, é recomendável pesquisar com cuidado as instituições existentes. No Brasil, organizações como o Conselho Nacional das Instituições de Mediação e Arbitragem (Conima), a Confederação das Associações Comerciais e Empresariais do Brasil (CACB) e o Serviço de Apoio às Micro e Pequenas Empresas (Sebrae) podem ser fontes de referência e auxílio para uma escolha bem-sucedida.

> **FIQUE DE OLHO**
>
> - *Algumas entidades arbitrais oferecem um banco de jurisprudência que pode servir de base para demandas futuras. Exemplos de câmaras que publicam sua jurisprudência são a Associação Americana de Arbitragem (AAA), nos Estados Unidos, e a Corte Internacional de Arbitragem da Câmara de Comércio Internacional (CCI), na França.*

CONHECENDO A ARBITRAGEM

Programas de incentivo aos métodos extrajudiciais no Brasil

O principal programa de incentivo à arbitragem e à mediação no Brasil é promovido pelo Banco Interamericano de Desenvolvimento (BID) em parceria com o Sebrae e a Confederação das Associações Comerciais e Empresariais do Brasil (CACB). Com investimento de US$ 3,35 milhões, o projeto visa cumprir três metas em cinco anos (de 1999 a 2004): a criação de câmaras de arbitragem e o fortalecimento das já existentes, a capacitação de mediadores e árbitros e a promoção da cultura da arbitragem e da mediação por meio da realização de palestras e eventos no País.

O projeto é conduzido com dois focos diferentes. O BID e a CACB promovem o Programa de Fortalecimento da Mediação e Arbitragem Comercial no Brasil. Em parceria com o Sebrae, a CACB também desenvolve o Programa de Consolidação da Mediação e Arbitragem para Micro e Pequenas Empresas.

O projeto na prática

Das três metas, duas já haviam sido cumpridas até junho de 2004: o fortalecimento das câmaras existentes e o incentivo à criação de novos centros arbitrais, assim como o treinamento e a capacitação de multiplicadores, mediadores e árbitros. Segundo a CACB, o projeto contribuiu para a criação de 45 câmaras de mediação e arbitragem e para a consolidação de 18 centros que já estavam em funcionamento. Do total de entidades beneficiadas no País, 25 estão na região Sul, 18 no Sudeste, 8 no Nordeste, 6 no Centro-Oeste e outras 6 no Norte. Foram capacitados ao todo 190 multiplicadores, 96 dirigentes e 45 secretários de câmaras.

Os multiplicadores treinados eram pessoas com facilidade em divulgar os métodos extrajudiciais de solução de controvérsias em suas comunidades – profissionais como professores, advogados, representantes de entidades de classe ou administradores de empresas. Com o objetivo de fortalecer as câmaras, o programa também promoveu cursos de capacitação para administradores e demais profissionais que trabalham nos centros arbitrais. O projeto também ofereceu às instituições ferramentas como softwares financeiros, planos de negócio, sistemas de organização de métodos e programas de planejamento e marketing.

Segundo os coordenadores do projeto, a formação de câmaras de arbitragem e o treinamento de profissionais e multiplicadores foram etapas necessárias para preparar o Brasil para o surgimento das demandas arbitrais e de mediação. De nada adiantaria um programa que divulgasse e incentivasse o uso desses métodos sem uma base pronta para o atendimento dos interessados. Superadas as primeiras etapas, as entidades partiram para a efetiva divulgação dos métodos extrajudiciais de solução de conflitos nas capitais e no interior do País, com a promoção de palestras em entidades de classe e universidades, além da distribuição de material publicitário.

A experiência na América Latina

O BID, que contribui com US$ 1,6 milhão para o projeto brasileiro, desenvolve programas semelhantes em outros 17 países da América Latina. O Peru foi o primeiro país da região a receber o projeto em 1994 e a finalizá-lo em dezembro de 1997. Em 1995, foi a vez da Colômbia e do Uruguai. O Brasil constituiu o nono país da região a participar do programa e a Bolívia foi o último, em outubro de 2000. A média de duração do projeto varia de três a quatro anos. O projeto do BID para o desenvolvimento da mediação e da arbitragem na América Latina faz parte de um programa mais amplo do banco – o Fundo Multilateral de Investimentos (Fumin). Criado em 1993, o Fumin tem o objetivo de melhorar as condições para o desenvolvimento das empresas na região. Um dos focos do programa são os sistemas jurídicos morosos, que não oferecem soluções rápidas para os problemas das empresas. Daí a idéia de revelar à sociedade outras formas de solução de controvérsias além do Poder Judiciário, como a arbitragem e a mediação, e incentivar o uso desses métodos. Os primeiros resultados mostram que o programa desempenhou importante papel no desenvolvimento e fortalecimento dos métodos alternativos nos países participantes, principalmente quando se leva em conta a hostilidade que havia na região em relação a tais procedimentos.

Avanços regionais

A partir da década de 1980, os países da América Latina deram passos importantes para favorecer o uso da arbitragem doméstica e internacional. Muitos deles ratificaram convenções internacionais sobre o reconhecimento e a execução de laudos arbitrais, assim como outros acordos que permitem a solução de disputas econômicas por meio da arbitragem comercial internacional. Outro ponto importante foi a edição de legislações referentes à arbitragem por diversos países latino-americanos. Colômbia, Venezuela, Peru, México, Guatemala, Bolívia, Equador, Panamá e Paraguai são exemplos de países que realizaram reformas legislativas tratando de procedimentos alternativos.

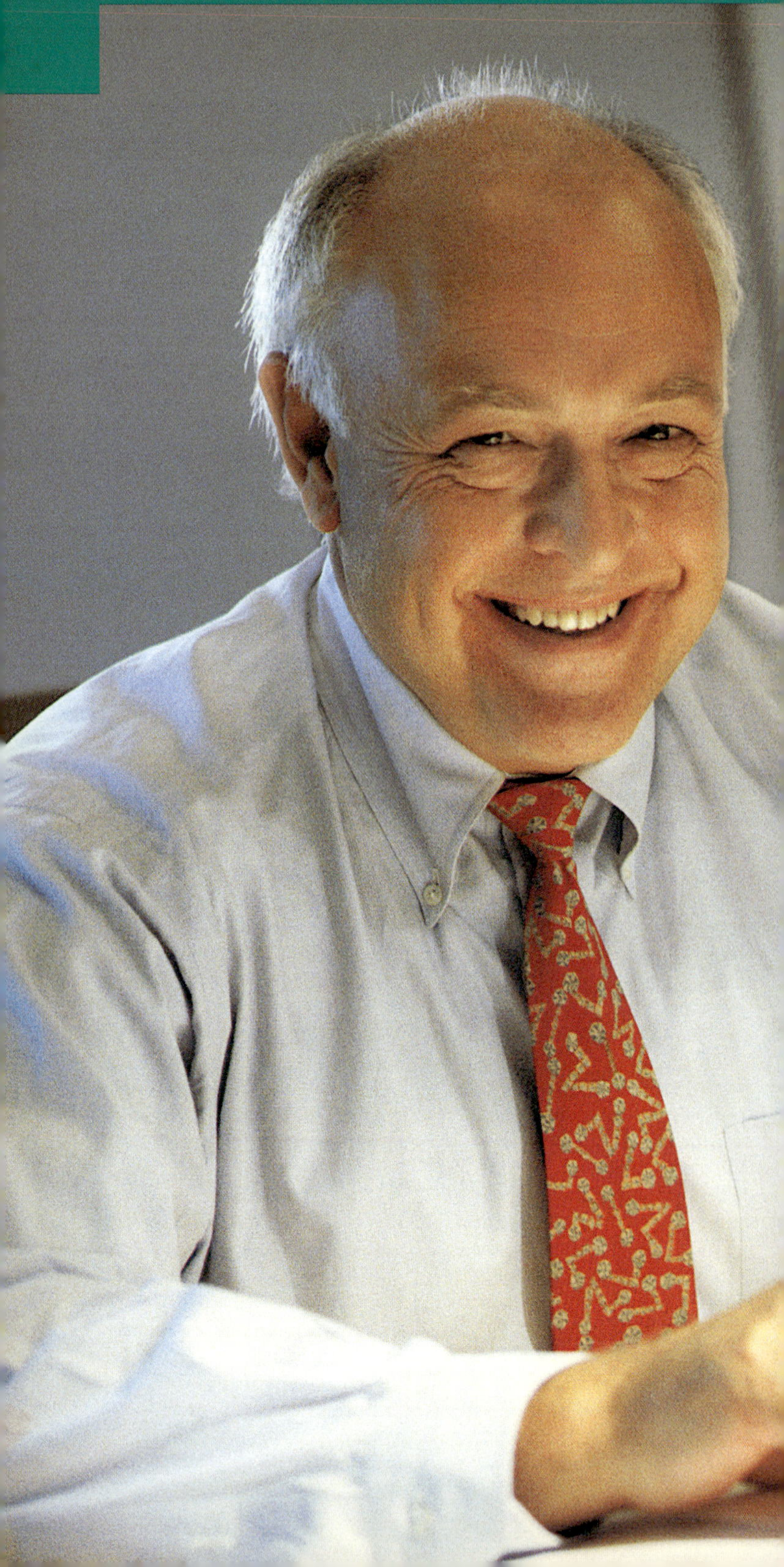

AS CÂMARAS DE ARBITRAGEM

SAIBA COMO SEU CASO SERÁ ATENDIDO

A escolha da câmara e do árbitro é fundamental para o bom andamento da arbitragem

AS CÂMARAS DE ARBITRAGEM
SAIBA COMO SEU CASO SERÁ ATENDIDO

O que são as câmaras de arbitragem?

São instituições que fornecem serviços de arbitragem e outros métodos extrajudiciais para solucionar conflitos entre empresas ou pessoas físicas

Também chamadas de centros arbitrais, as câmaras são prestadoras de serviço que oferecem suporte para a realização da arbitragem e definem as regras a serem seguidas durante o procedimento. Normalmente, são contratadas por pessoas ou empresas que não querem ter a preocupação e o trabalho de elaborar todas as regras para uma arbitragem e preferem recorrer a normas preestabelecidas.

Ao escolher uma câmara, as empresas ou pessoas físicas se submetem automaticamente a seu regulamento. Assim, quando surge um conflito, elas têm apenas de comunicar o problema, sem se preocupar em definir a forma de intimação, o local das reuniões ou os prazos a serem cumpridos, por exemplo. Tudo isso já está previsto nas normas internas da câmara. É importante lembrar que

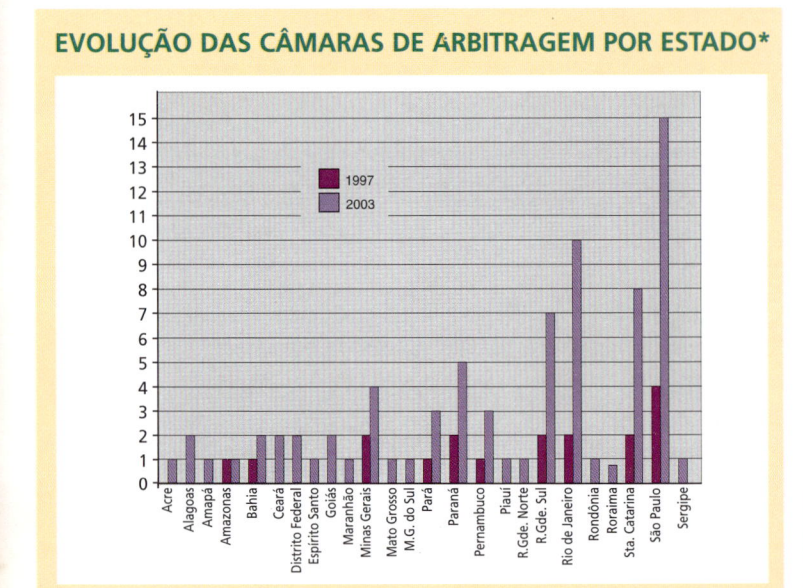

EVOLUÇÃO DAS CÂMARAS DE ARBITRAGEM POR ESTADO*

* Entidades associadas ao Conima. Em 2003, não havia câmaras de arbitragem na Paraíba e em Tocantins.

a câmara administra a controvérsia, mas não julga nem decide sobre ela. Essa é uma tarefa que cabe ao árbitro, que é parceiro (e não empregado) da instituição.
Não há restrições para a escolha de uma câmara. As pessoas ou empresas podem optar livremente pelo centro que atender suas necessidades – esteja ele instalado dentro ou fora do País. Os centros de arbitragem podem ter ou não fins lucrativos, ser independentes ou estar ligados a uma ou mais entidades, como federações das indústrias ou do comércio, sindicatos e associações.

Como as câmaras de arbitragem são organizadas?

A estrutura depende do tamanho e da especialidade da instituição

Cada câmara tem uma estrutura própria e regras que variam conforme suas necessidades, especialidade e tamanho. De maneira geral, porém, a organização das câmaras é parecida. A maioria tem presidente, conselheiros, diretores e secretários. Normalmente, também possuem normas de funcionamento interno e um regulamento de arbitragem que define a forma de condução dos procedimentos.
As câmaras contam ainda com profissionais para o atendimento ao público. Algumas – principalmente as que atendem casos trabalhistas e de direitos do consumidor – oferecem assistência jurídica às partes que não contam com o apoio de um advogado.
As instituições também fazem serviços de protocolo e envio de correspondências para notificações, intimação de testemunhas ou comunicados, além de outros serviços necessários para a administração da arbitragem.
Muitas dispõem de listas de árbitros, com currículos profissionais. A indicação de árbitros presentes na lista pode ser obrigatória ou não, dependendo do regulamento de cada entidade. Apesar de muitas câmaras não terem fins lucrativos, cobram-se taxas de administração pelo serviço prestado, para cobertura de despesas. Os valores variam de um centro arbitral para outro.

AS CÂMARAS DE ARBITRAGEM
SAIBA COMO SEU CASO SERÁ ATENDIDO

As câmaras de arbitragem são controladas por alguma instituição?

Não há no Brasil nenhuma norma específica que regulamente a abertura e o funcionamento das câmaras de arbitragem

Nenhuma instituição do governo controla as câmaras. Não existe no Brasil regulamento público ou lei que estipule a conduta e os procedimentos dessas entidades e de seus funcionários ou mesmo as punições aplicáveis a comportamentos antiéticos. O que há no País é a atuação de organizações não-governamentais, sem fins lucrativos, que buscam difundir o uso responsável das técnicas de mediação e arbitragem. Elas oferecem códigos de ética para orientar os centros arbitrais, seus funcionários, árbitros e mediadores. Muitas dessas instituições também têm como objetivo estimular a criação de câmaras de mediação e arbitragem, apoiar aquelas já existentes e divulgar os métodos alternativos para solução de conflitos.

No Brasil, o Conselho Nacional das Instituições de Mediação e Arbitragem (Conima) busca desenvolver esse papel. Desde 1997, quando foi fundado por um grupo de especialistas em arbitragem de diversos Estados brasileiros, o conselho vem trabalhando por meio de parcerias e convênios para divulgar a arbitragem e a mediação. Um de seus objetivos consiste em educar os cidadãos brasileiros para o uso correto e ético desses métodos.

Instituições como o Conima, porém, exercem apenas um papel educativo e não têm o poder de repreender ou fechar uma câmara por discordar de sua conduta ética. O máximo que podem fazer é levar ao Ministério Público e aos Tribunais de Justiça denúncias sobre práticas consideradas inapropriadas.

As câmaras têm algum regulamento próprio?

As instituições têm regulamentos que definem as normas do procedimento arbitral

Todas as câmaras têm um regulamento próprio, que estabelece os procedimentos adotados para conduzir e administrar os casos levados à arbitragem. Os regulamentos definem também as condutas a serem seguidas pelas partes antes e durante o procedimento arbitral. Alguns, por exemplo, estipulam que, para iniciar uma arbitragem, os interessados devem fazer um resumo escrito do problema e encaminhá-lo à entidade.

O regulamento prevê quando o procedimento arbitral será efetivamente iniciado, a forma de convocação dos envolvidos para a assinatura do termo de arbitragem, os prazos, o período para apresentação da sentença arbitral e o tipo de litígio que a entidade recebe. A forma das notificações ou comunicações escritas (fax, e-mail, correio, telegrama ou entrega pessoal), a obrigatoriedade ou não de indicar árbitros integrantes da lista da instituição e o valor das taxas cobradas pela câmara também fazem parte do regulamento.

FIQUE DE OLHO

- *Antes de escolher um centro arbitral, não deixe de verificar se as regras da instituição estão de acordo com suas necessidades.*

AS CÂMARAS DE ARBITRAGEM
SAIBA COMO SEU CASO SERÁ ATENDIDO

As câmaras de arbitragem devem adotar algum código de ética?

Embora não seja compulsório, as instituições sérias e competentes seguem um código de ética

As câmaras não são obrigadas a seguir um código de ética, mesmo porque não existe um manual universal a ser obedecido. No entanto, as entidades sérias têm códigos próprios de conduta para funcionários, árbitros e, quando é o caso, mediadores. O código de ética é importante porque as câmaras de arbitragem lidam com assuntos sigilosos, que afetam diretamente os envolvidos no procedimento arbitral. Como prestadoras de serviço, elas devem garantir o correto andamento do processo, além de zelar por sua credibilidade e imagem pública. No Brasil, os códigos de ética para árbitros e mediadores do Conima podem servir de referência para as câmaras. Muitos centros brasileiros também se espelham nos códigos de ética de entidades internacionais de tradição, como o da Corte Internacional de Arbitragem da Câmara de Comércio Internacional (CCI), com sede na França, ou o da Associação Americana de Arbitragem (AAA), nos Estados Unidos.

Conima
Saiba mais sobre a entidade e seus códigos de ética acessando o site www.conima.com.br.

Como escolher uma câmara de arbitragem?

Leve em consideração questões como custo, seriedade, credibilidade, experiência e especialização

O primeiro passo para a escolha de uma câmara é a análise detalhada de seu regulamento, para verificar se ele atende a suas expectativas e necessidades. Uma leitura minuciosa é importante porque, depois de indicar um centro arbitral, as partes aderem automaticamente a suas normas.

Alguns regulamentos, por exemplo, prevêem que a própria câmara definirá o local de realização do procedimento caso a convenção de arbitragem seja omissa nesse ponto. Isso pode gerar problemas se a câmara estiver instalada em outro país ou Estado e estipular que a arbitragem aconteça em sua sede. Há regulamentos que também admitem a escolha de árbitros fora da lista da entidade, o que pode ser ou não do interesse das partes. Em alguns casos, as regras de uma câmara, quando excessivamente burocráticas, comprometem o espírito da informalidade e a agilidade da arbitragem.

É necessário avaliar se os valores cobrados pela entidade e pelos árbitros são compatíveis com as condições financeiras dos contratantes. As taxas variam de uma entidade para outra, principalmente entre instituições estrangeiras e brasileiras. Outra medida importante consiste em analisar os trabalhos já realizados pela câmara, verificar seu quadro de dirigentes, se ela tem um conselho com representantes da sociedade (como sindicatos ou associações) e se está ligada a alguma instituição de reputação conhecida. A especialização do centro é um dado relevante, uma vez que entidades habituadas a administrar certos tipos de conflito têm, naturalmente, mais facilidade em gerenciá-los.

AS CÂMARAS DE ARBITRAGEM
SAIBA COMO SEU CASO SERÁ ATENDIDO

É possível mudar de câmara depois da escolha feita?

A mudança só pode ocorrer se todas as partes envolvidas concordarem

Se o nome da câmara já consta da cláusula arbitral, só é possível fazer a troca da entidade com uma condição: todos os envolvidos no conflito precisam estar de comum acordo sobre a mudança, expressando esse consenso num documento escrito. Se apenas uma das partes quiser trocar de instituição, a mudança não será permitida, valendo o estipulado no contrato. A parte que se sentir prejudicada com a proibição da troca tem o direito de contestar a escolha na Justiça. No entanto, se a entidade indicada no contrato for séria, idônea, economicamente viável para os dois lados e oferecer uma lista de árbitros competentes, não há razões para a escolha ser anulada. A única possibilidade para uma mudança é se a câmara, por alguma razão, deixar de existir.

PRINCIPAIS ERROS NA ESCOLHA DA CÂMARA DE ARBITRAGEM

Escolha de uma instituição já extinta ou que nunca existiu.

Escolha de uma entidade que não é câmara de arbitragem. Por exemplo, quando a entidade escolhida é ligada à arbitragem, mas não administra procedimentos arbitrais.

Designação incorreta do nome da câmara de arbitragem.

Conflito de competência: as partes escolhem a câmara de arbitragem Y, mas colocam na cláusula arbitral que as regras a serem seguidas é da câmara X, sem que o regulamento da primeira permita essa situação.

Escolha de uma instituição que não atenda às necessidades das partes, por exemplo, uma câmara fora do país cujas regras dificultem a realização do procedimento.

Fonte: Athayde, Castro & Lee Advogados e Consultores Associados e Selma Lemes Advogados Associados.

Quem é o árbitro?

É a pessoa escolhida para analisar e julgar o conflito levado à arbitragem

O árbitro é a pessoa eleita pelas partes envolvidas no conflito (ou, se elas assim preferirem, pela câmara de arbitragem) para julgar a controvérsia. Em resumo, seu papel é o de juiz do processo de arbitragem – com a diferença de que ser árbitro é uma condição temporária, e não uma profissão, como a de juiz. Profissionais de áreas distintas podem exercer eventualmente o papel de árbitro sem abrir mão de seu ofício de origem.

O árbitro ouve as partes, os advogados e as testemunhas, examina os documentos e pode convocar peritos para tomar a decisão. Antes de julgar o caso, pode tentar promover uma conciliação ou mediação entre as partes a fim de incentivar um acordo.

Para julgar um conflito, os envolvidos elegem um árbitro ou vários, desde que em número ímpar. A opção usual é de um ou três. Indica-se o árbitro único para questões menos complexas, até porque não se justifica o pagamento de vários árbitros para um problema de simples solução. Quando a escolha é de três árbitros, normalmente cada parte escolhe um profissional, sendo o terceiro indicado de comum acordo ou por decisão dos árbitros.

FIQUE DE OLHO

- *A decisão do árbitro é chamada sentença arbitral. O cumprimento da sentença é obrigatório e, ao contrário do que pode acontecer na Justiça, o mérito da decisão não pode ser questionado em recursos.*

AS CÂMARAS DE ARBITRAGEM
SAIBA COMO SEU CASO SERÁ ATENDIDO

Quem pode ser árbitro?

A lei permite que qualquer pessoa maior de idade, capaz e de confiança das partes seja árbitro

Qualquer pessoa maior de idade, que esteja em perfeitas condições mentais e que tenha a confiança das partes pode ser indicada como árbitro. A Lei de Arbitragem não apresenta empecilho para o exercício da função de árbitro, mas pressupõe-se que ele seja um especialista no assunto discutido. Numa disputa sobre falhas técnicas em uma obra de construção civil, por exemplo, o árbitro pode ser um engenheiro com plena capacidade técnica para avaliar o problema. Da mesma forma, numa arbitragem trabalhista, um advogado especializado na área talvez seja uma boa escolha para árbitro. Normalmente, em um procedimento que exija um tribunal arbitral composto de três membros, as partes indicam dois especialistas no assunto específico mais um advogado – ou dois advogados e um único especialista na área em questão.

Qual a diferença entre árbitro e juiz?

O juiz é pago pelo Estado para exercer essa função de forma permanente. O árbitro só julga quando indicado para decidir um caso específico

O juiz é um funcionário remunerado pelo Estado que julga assuntos variados e tem poder para fazer cumprir suas decisões. Sua função é vitalícia, ou seja, ele exerce o cargo até a aposentadoria – a menos que, por vontade própria, desista antes da magistratura.

Por sua vez, o árbitro não está vinculado ao Estado ao exercer tal função. Ele só julga algum conflito quando é chamado pelas partes para esse fim. Sua atuação nasce e morre com a controvérsia para a qual foi escolhido, e as partes pagam seus honorários. Suas decisões são sigilosas. O árbitro é chamado para julgar casos específicos, que tratam de assuntos de sua especialidade, limitados a questões de direito patrimonial disponível. Diferentemente do juiz, não tem poder para obrigar a parte a cumprir sua decisão.

Por não ser funcionário do Estado, o árbitro pode agir com mais flexibilidade e independência em relação às estruturas burocráticas estatais. Não precisa necessariamente residir no local da arbitragem, podendo exercer sua função em casa ou no próprio escritório, de onde se comunica com as partes por fax, e-mail, telefone ou carta. Além disso, pode encurtar ou alongar os prazos da arbitragem, sempre com a prévia autorização dos participantes.

Há momentos na arbitragem em que o auxílio de um juiz se faz necessário. Isso ocorre, por exemplo, quando o árbitro intima uma testemunha e ela se recusa a prestar as informações solicitadas. O árbitro pode pedir ao juiz competente que mande a testemunha depor no processo arbitral. O mesmo acontece quando o árbitro necessita que a parte cumpra uma medida determinada por ele no decorrer do processo, como a entrega de um bem ou um depósito em dinheiro.

AS CÂMARAS DE ARBITRAGEM
SAIBA COMO SEU CASO SERÁ ATENDIDO

Como escolher o árbitro?

Confiança, experiência, capacidade técnica e seriedade são essenciais

As partes geralmente elegem o árbitro no momento em que surge o conflito. Na arbitragem ad hoc, há também a opção de indicá-lo na cláusula arbitral. Especialistas não recomendam a escolha do árbitro antes da ocorrência do conflito, pois isso poderia representar um risco, principalmente nos contratos de longa duração. O problema da opção antecipada é que os conflitos futuros podem envolver aspectos que o árbitro previamente escolhido não domina. Além disso, o árbitro pode não estar disponível na época do surgimento da controvérsia ou tornar-se impedido de atuar, no caso de trabalhar ou prestar assessoria para uma das partes antes da ocorrência do conflito.

A indicação do árbitro pelas partes é um dos momentos mais importantes da arbitragem. Ele só não é eleito pelas partes quando estas delegam a escolha à câmara de arbitragem, que também pode exercer tal função se os participantes não chegarem a um consenso quanto à indicação. O árbitro deve ser uma pessoa correta, de boa reputação e de confiança dos envolvidos no conflito, que acreditam em sua capacidade técnica, idoneidade, isenção e honestidade. O ideal é que, antes da escolha, cada parte busque informações sobre o árbitro, sua história profissional e reputação, sua experiência técnica específica e seu conhecimento sobre arbitragem. É importante que os envolvidos no conflito também tentem conhecer o perfil de atuação do árbitro, pois ele deve saber conduzir o procedimento, ter capacidade de conciliação, ser ágil e dispor de tempo para dedicar ao caso. O árbitro é uma escolha das partes, mas nem por isso pode defender no procedimento arbitral os interesses de quem o elegeu, como muitos poderiam imaginar.
É obrigação dele conduzir o processo com imparcialidade.

Os árbitros devem seguir algum código de ética?

Independentemente dos códigos de ética adotados pelas câmaras arbitrais, cada árbitro deve ter parâmetros de conduta claros e transparentes

A Lei de Arbitragem estabelece diretrizes para a conduta do árbitro, como imparcialidade, independência, competência, diligência e discrição. Não há, porém, um manual universal de ética para a função. O mais importante é que o árbitro tenha parâmetros de conduta bem definidos para não comprometer o procedimento arbitral.

As câmaras costumam criar seus próprios códigos ou seguir orientações de organizações de fomento dos métodos extrajudiciais – como, por exemplo, o Conima, que desenvolveu códigos de ética para árbitros e mediadores de suas entidades associadas.

Como recomendações gerais, os especialistas na área de métodos extrajudiciais aconselham que o árbitro não tenha contato individual e próximo com as partes, a fim de evitar vínculos capazes de comprometer sua imparcialidade. Também é de suma importância que os participantes da arbitragem conheçam os códigos de ética para saber como atuar durante o procedimento e, dessa forma, não submeter o árbitro a situações potencialmente constrangedoras.

OS DEVERES DO ÁRBITRO

Ser imparcial.

Ser independente.

Ser diligente.

Manter o sigilo sobre o caso.

Revelar qualquer interesse ou vínculo que possa afetar sua independência.

Julgar apenas o previsto na convenção arbitral.

Seguir as normas éticas e institucionais da câmara de arbitragem.

Ser cordial e solidário.

AS CÂMARAS DE ARBITRAGEM

SAIBA COMO SEU CASO SERÁ ATENDIDO

O que diz o Conima em seu código de ética?

As orientações formuladas pela entidade têm servido como referência para muitas câmaras de arbitragem do Brasil

Embora não exista um regulamento universal e padronizado para orientar o exercício ético da arbitragem ou de outros métodos extrajudiciais, muitos centros arbitrais instalados no País vêm tomando como parâmetros os códigos de ética criados pelo Conima. A entidade definiu recomendações não só para árbitros, mas também para mediadores. No caso específico da arbitragem, o Conima aconselha um comportamento cuidadoso e honesto por parte do árbitro, para que os participantes se sintam amparados e tenham a confiança de que o processo será bem-sucedido. A entidade também reitera que os árbitros devem guardar sigilo sobre os fatos e as circunstâncias de que tomarem conhecimento antes, durante e depois de todo o procedimento e da sentença final.

Ser árbitro é uma profissão?

Não. Ser árbitro é uma circunstância, nunca uma profissão

Além de não constituir uma profissão, a atividade de árbitro não dispõe de nenhum tipo de regulamentação. Ao contrário: profissionais de diversas áreas são chamados para atuar como árbitros em casos específicos, desde que tenham conhecimento necessário sobre o procedimento. A finalização do processo arbitral gera também o término da condição de árbitro. Embora se tenha notícia de cursos para formação profissional de árbitros, com direito a diploma e carteirinha, essa prática é considerada irregular e de má-fé, pois não segue previsões legais e contraria os próprios princípios da arbitragem. Por isso, esteja atento para falsas promessas de instituições que oferecem "diploma" e suposto emprego garantido em câmaras de arbitragem. Já os cursos de divulgação e discussão da arbitragem, mediação e conciliação são atividades bem-vindas, pois não tratam de formação e sim de capacitação e conhecimento sobre os temas.

AS CÂMARAS DE ARBITRAGEM

Cuidado com as câmaras de fachada

Casos de má-fé e oportunismo acontecem em qualquer profissão ou atividade. Não tem sido diferente na arbitragem. Com o crescimento do uso desse método extrajudicial, também surgiram câmaras de arbitragem de fachada, que tentam transformar o procedimento em meio fácil de ganhar dinheiro. Conheça as práticas mais comuns dessas instituições irregulares – e evite ser enganado.

Falsas promessas

Tome como exemplo os cursos oferecidos por algumas câmaras para a formação de árbitros – ou de "juízes arbitrais", como elas chamam de forma inapropriada. Alguns cursos vendem a falsa promessa de obtenção de diploma de árbitro e emprego em câmaras de arbitragem. Determinadas entidades chegam ao cúmulo de oferecer aos alunos uma carteirinha de "juiz arbitral" que supostamente daria a seu possuidor o mesmo *status* e poder de um magistrado, além de autorização (na verdade ilegal) para porte de arma. Diante de uma oferta desse tipo, não pense duas vezes antes de rejeitá-la. Algumas pessoas, por puro desconhecimento, acreditam nessas falsas promessas e desembolsam boas quantias de dinheiro para ter acesso a supostos benefícios e retorno financeiro. Matérias veiculadas na imprensa noticiaram que uma carteirinha de árbitro, com as mesmas características das carteiras dos magistrados, teriam sido comercializadas no Rio de Janeiro por até R$ 15 mil.

Combate a câmaras irregulares

Para combater a proliferação de câmaras irregulares, o Conselho Nacional das Instituições de Mediação e Arbitragem (Conima) encaminha ao Ministério Público (MP) e aos Tribunais de Justiça (TJs) todas as denúncias recebidas envolvendo câmaras de fachada. O MP e os TJs detêm o poder e os instrumentos necessários para punir casos de má-fé. Desde 1998, o Conima vem identificando práticas irregulares por entidades no Rio de Janeiro, Rio Grande do Sul, Bahia e Ceará. Em 2003 foram relatados mais quatro casos nas cidades do Rio de Janeiro e em Niterói.
Para impedir que o público seja induzido a erro pela confusão da arbitragem com o Poder Judiciário, o Conima faz uma

série de recomendações às câmaras arbitrais. Uma delas é que evitem usar em seus nomes e materiais de divulgação quaisquer palavras que façam referência às instituições da Justiça estatal. Um exemplo é o nome "tribunal arbitral" e todas as suas derivações, como "Superior Tribunal Arbitral", "Supremo Tribunal Arbitral", "Tribunal Arbitral de Justiça" ou "Associação de Juízes Arbitrais". Embora conste da Lei de Arbitragem, a expressão "tribunal arbitral" não tem qualquer relação com o Poder Judiciário – o termo representa apenas um colegiado de árbitros formado para julgar uma controvérsia. Como o profissional exerce a condição de árbitro somente durante a vigência da arbitragem, o tribunal arbitral automaticamente se dissolve quando a sentença arbitral é proferida. Portanto, seguindo o termo da lei, não existem tribunais arbitrais permanentes (exceto em casos específicos, como no sistema de controvérsias dos países do Mercosul).
O uso de símbolos oficiais pelos fornecedores de serviços de arbitragem também não é recomendado pelo Conima. Apesar disso, após a edição da Lei de Arbitragem, foram relatados casos de entidades decorando suas sedes com o brasão da República Federativa do Brasil.

A atividade do árbitro

Para o presidente do Conima, Adolfo Braga, informar a sociedade sobre o que é arbitragem e como ela funciona consiste na melhor solução para ajudar a combater as câmaras irregulares. Para ele, uma questão precisa estar clara: o árbitro não é juiz, nem tem os mesmos poderes de um magistrado. O árbitro apenas julga um caso quando é chamado – o que significa, inclusive, que ele pode ser escolhido para arbitrar uma vez na vida e nunca mais voltar a exercer a atividade. Por isso, especialistas em arbitragem reiteram que a condição de árbitro deve ser encarada como atividade, e não como profissão.
Além disso, as pessoas devem estar cientes de que não existe respaldo legal para a existência de escolas formadoras de árbitros profissionais, mas apenas cursos de capacitação em arbitragem, mediação e conciliação.
O esclarecimento da sociedade sobre o tema está entre os objetivos do Conima, que oferece em seu site *www.conima.com.br* uma série de informações sobre o mecanismo da arbitragem. Além disso, a entidade ajuda as câmaras afiliadas a promover cursos de capacitação com essa finalidade.

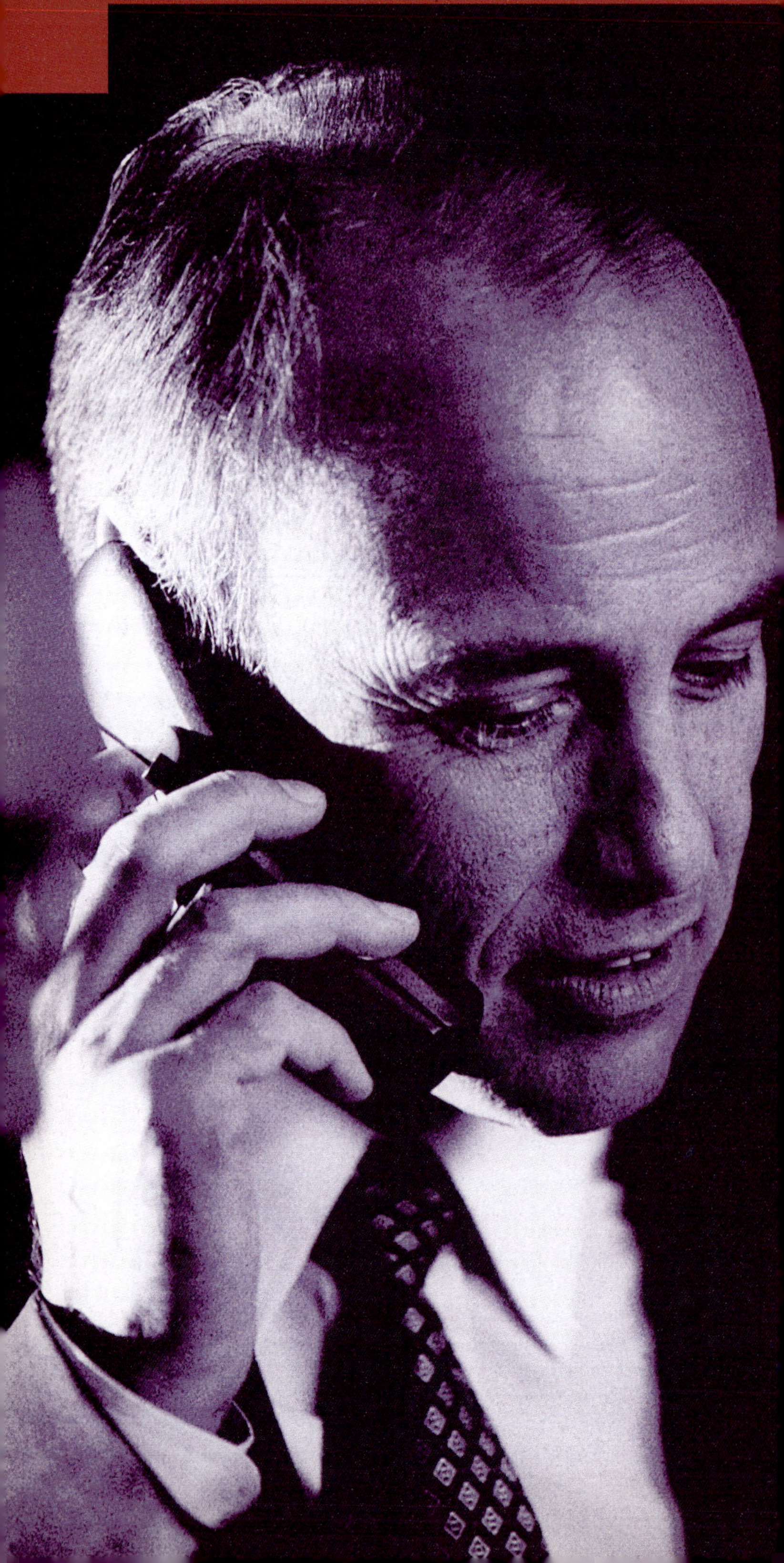

CONTORNANDO OS PROBLEMAS

CONHEÇA AS SOLUÇÕES POSSÍVEIS

A melhor forma de evitar transtornos no processo arbitral é estar ciente das situações em que eles podem surgir

CONTORNANDO OS PROBLEMAS
CONHEÇA AS SOLUÇÕES POSSÍVEIS

O que fazer se uma das partes desistir de usar a arbitragem?

Se a arbitragem estiver prevista no contrato, o Judiciário poderá obrigá-la a participar do procedimento

Se uma das partes foi comunicada sobre o procedimento arbitral da forma correta e faltou à convocação para prestar depoimento, a arbitragem prossegue normalmente. A parte ausente continuará sendo convocada para todos os atos do processo e receberá cópia de todos os documentos, mesmo que se recuse a participar.

Todo conflito relativo a contratos que tenham uma cláusula compromissória será necessariamente resolvido pela arbitragem – a menos que as partes envolvidas desistam consensualmente do mecanismo e optem pelo Judiciário. Se apenas uma das partes alegar que mudou de idéia quanto ao uso do procedimento, pode-se exigir que ela mantenha o acordo de usar a arbitragem. A cláusula compromissória tem força coercitiva, ou seja, depois de assinada, torna o uso da arbitragem obrigatório em caso de conflito. Se um dos contratantes insistir em rejeitar a arbitragem, o assunto pode ser resolvido de duas formas. Se a cláusula compromissória definir o uso de uma câmara de arbitragem específica e de seu regulamento, o processo pode ser automaticamente iniciado por uma das partes, mesmo que a outra não esteja presente. Os regulamentos de abitragem prevêem a maneira de suprir a vontade da parte ausente, inclusive indicando um árbitro por ela. A ausência da parte demandada não evita a emissão da sentença arbitral.
Se a cláusula compromissória não indicar uma câmara ou a forma de indicação dos árbitros, o assunto pode ser levado ao Judiciário. Nesse caso, o juiz não julga o mérito do conflito, mas apenas determina que a arbitragem seja instituída.
A sentença judicial, ao julgar procedente o pedido de instauração da arbitragem, vale como compromisso arbitral.

E se a cláusula arbitral não tratar da escolha do árbitro?

No caso da arbitragem institucional, basta seguir o regulamento da câmara. Já o procedimento ad hoc *terá problemas para ser iniciado*

Na arbitragem institucional, não há problema se a cláusula arbitral não tratar da escolha do árbitro: as partes só precisam seguir o regulamento da instituição. Já na arbitragem *ad hoc*, em que os próprios participantes definem as regras da arbitragem sem a intermediação de uma câmara, o procedimento pode ser prejudicado se não houver referência ao nome dos árbitros (ou, pelo menos, à forma de indicá-los) na cláusula arbitral. Surgido o conflito, e caso não se chegue a um acordo sobre a escolha, não há como iniciar o procedimento arbitral. Nesse caso, a discussão provavelmente é remetida à Justiça, que decide a forma como a arbitragem será instituída.

CONTORNANDO OS PROBLEMAS
CONHEÇA AS SOLUÇÕES POSSÍVEIS

E se eu discordar da escolha de árbitro feita pela outra parte?

Só se rejeita o nome de um árbitro quando ele tem vínculos com uma das partes ou interesse particular no resultado do julgamento

A escolha do árbitro deve ser contestada pelos participantes no momento em que eles tomarem conhecimento do impedimento ou da impossibilidade. Pede-se, então, sua substituição. A troca do árbitro já eleito só é possível quando as partes, por acordo e motivo justificado, quiserem fazer a mudança ou caso se descubra que ele está impedido ou impossibilitado de julgar o conflito.

Impedimento
Motivo legal pelo qual o árbitro está proibido de atuar em determinado procedimento.

Suspeição
Situação que impede o árbitro de exercer suas funções com isenção ou imparcialidade, motivo pelo qual deve ser afastado do procedimento.

A escolha do árbitro só pode ser rejeitada nas situações de **impedimento** ou **suspeição** previstas na lei. Não se pode discordar da escolha do árbitro apenas por razões subjetivas. Os casos de impedimento ou suspeição de árbitros são os mesmos aplicados pela lei aos magistrados. Incluem situações em que o árbitro tem ou teve alguma ligação com uma das partes do conflito, seja de parentesco, amizade ou relações de trabalho. O árbitro que em algum momento da vida tenha trabalhado para uma das empresas envolvidas na disputa está impossibilitado de conduzir o processo arbitral, a menos que os envolvidos no conflito estejam cientes dessa ligação e, ainda assim, não apresentem obstáculo à nomeação.

O próprio árbitro tem o dever de revelar, antes de aceitar a função, qualquer fato que denote dúvida quanto a sua imparcialidade e independência. Em alguns centros arbitrais, os árbitros indicados precisam responder a um questionário para verificar se há algum tipo de impedimento para julgar o caso.

SITUAÇÕES QUE CARACTERIZAM IMPEDIMENTO OU SUSPEIÇÃO DO ÁRBITRO

O árbitro é amigo, parente, cônjuge ou inimigo de uma das partes.

É empregador ou empregado de uma das partes.

Tem algum tipo de interesse no julgamento da causa.

Recebeu ou recebe favores ou benefícios de uma das partes.

Um dos parentes do árbitro ou seu cônjuge é advogado de uma das partes.

Uma das partes é credora ou devedora do árbitro.

E se a outra parte não comparecer à audiência no procedimento arbitral?

A arbitragem poderá ter continuidade mesmo com a ausência de um dos participantes

Todas as partes envolvidas em uma arbitragem recebem correspondência ou outro tipo de notificação informando o dia, o local e o horário da audiência. Se ainda assim um dos participantes não comparecer ao encontro, o árbitro pode dar seguimento normal à audiência. A ausência de uma das partes não impede a realização da arbitragem. No entanto, o árbitro tem a opção de marcar outra reunião, se entender que a presença de todos é fundamental para o procedimento.

Antes de marcar uma audiência, o árbitro consulta as partes para definir data e horário do encontro. É possível adiar e remarcar a reunião, caso uma das partes faça um pedido com antecedência, apresentando uma justificativa. Se não tiver sido comunicado da audiência, um dos participantes pode reivindicar a realização de uma nova reunião. Caso não seja atendido, no final da arbitragem ele poderia vir a pedir a anulação do procedimento na Justiça, alegando a falta de notificação.

FIQUE DE OLHO

- *O árbitro deve ter o cuidado de respeitar o direito dos participantes de produzir provas e se defender. Do contrário, a sentença arbitral pode ser anulada no Judiciário a pedido da parte interessada.*

CONTORNANDO OS PROBLEMAS
CONHEÇA AS SOLUÇÕES POSSÍVEIS

É possível recorrer da sentença arbitral?

A decisão arbitral não está sujeita a recursos a uma segunda instância

FIQUE DE OLHO

- *O uso de uma segunda instância arbitral é permitido em casos muito específicos, como no atual procedimento de solução de controvérsias entre Estados do Mercosul. Nesse sistema, um Tribunal Arbitral de Revisão recebe recursos contestando as sentenças proferidas pelo tribunal ad hoc, que funciona como primeira instância arbitral.*

No Brasil, a arbitragem privada não admite recursos para questionar o mérito da decisão. Ao contrário do que ocorre no Poder Judiciário, na arbitragem não existe uma segunda instância que reveja as decisões. Esse fator pode ser visto como uma vantagem do procedimento, pois evita o uso de recursos com a finalidade de protelar o cumprimento da sentença.

O único recurso previsto na Lei de Arbitragem é o chamado "embargo arbitral". Ele se limita, porém, a um pedido de esclarecimento de aspectos da sentença que geraram dúvida ou contradição. O embargo também pode ser usado para pedir ao árbitro que corrija algum erro material da sentença, como um cálculo incorreto, ou que se pronuncie sobre algum ponto omitido e que deveria constar da decisão. A lei fixa o prazo de cinco dias, contados do recebimento de cópia da sentença, para que as partes apresentem o pedido ao árbitro ou ao tribunal arbitral.

As decisões arbitrais podem ser contestadas na Justiça?

Somente em casos de irregularidades durante o procedimento arbitral ou na convenção de arbitragem

O mérito da sentença arbitral é inquestionável pelo Judiciário. Ou seja, o juiz não pode modificar a decisão do árbitro nem analisar se ele julgou bem ou mal. Sua competência se limita à verificação de aspectos procedimentais da arbitragem. O questionamento no Judiciário só se torna possível quando se constata alguma irregularidade no procedimento arbitral ou na convenção de arbitragem. Nesse caso, o juiz não discute o teor da decisão, mas, sim, sua validade. O processo judicial usado para contestar a validade de uma sentença arbitral é à ação de nulidade – esta deve ser proposta em até 90 dias após o recebimento da notificação da decisão ou de seu aditamento Quem entra com a ação deve argumentar que o procedimento deixou de seguir algum dos princípios ou normas que regem a arbitragem.

Aditamento
Ato em que o árbitro corrige algum tipo de erro na sentença ou esclarece alguma obscuridade, omissão ou dúvida, a pedido das partes. O pedido de aditamento deve ser feito em até cinco dias após a emissão da sentença arbitral ou da notificação do resultado da decisão.

SITUAÇÕES EM QUE A SENTENÇA ARBITRAL PODE SER ANULADA PELO JUDICIÁRIO

Não houve real compromisso em usar a arbitragem.

O autor da decisão não poderia ter exercido a condição de árbitro.

A sentença não cumpriu os requisitos formais definidos na lei.

A sentença extrapolou os limites previstos na convenção de arbitragem.

A decisão não abrangeu todas as questões envolvidas no litígio.

Foi comprovada a ocorrência de prevaricação, concussão ou corrupção passiva durante o procedimento.

A decisão foi proferida fora do prazo.

O procedimento desrespeitou os princípios do contraditório (direito de defesa), da igualdade das partes, da imparcialidade do árbitro e de seu livre convencimento.

CONTORNANDO OS PROBLEMAS
CONHEÇA AS SOLUÇÕES POSSÍVEIS

O que acontece se se a decisão arbitral for anulada pela Justiça?

Há duas possibilidades: ou se instaura uma nova arbitragem ou o caso é levado ao Judiciário

Se o Judiciário aceitou o pedido de anulação da sentença arbitral, a cláusula compromissória geralmente perde o caráter compulsório. As partes ficam então liberadas para entrar com uma ação judicial a fim de discutir o assunto ou para iniciar um novo procedimento de arbitragem. Há casos, entretanto, em que o juiz devolve a sentença ao árbitro, para que ele corrija dados ou complemente a decisão. Isso ocorre quando a sentença não contém todos os dados exigidos pela lei, quando ela deixa de julgar todos os aspectos do conflito ou quando ultrapassa o que foi estipulado no termo de arbitragem ou no compromisso arbitral.

Que providências o árbitro deve tomar para que a decisão seja cumprida?

O árbitro julga o caso, mas não tem poder para obrigar as partes a cumprir a sentença

Vale lembrar: o trabalho do árbitro é julgar o conflito e oferecer uma decisão. Sua tarefa começa quando aceita a indicação para o caso e termina com a conclusão do procedimento e a sentença arbitral. Portanto não é dever do árbitro obrigar as partes a cumprir a decisão – mesmo porque ele não tem poder para tanto. Só o Judiciário está investido do poder de fazer alguém cumprir uma determinação. Resta à parte interessada aguardar o prazo estipulado para o cumprimento da decisão arbitral para saber se o outro participante obedecerá de maneira apropriada ao conteúdo da sentença arbitral.

E se a outra parte não cumprir a decisão arbitral?

O Poder Judiciário pode ser acionado para fazê-la cumprir a sentença

Se houver relutância de uma das partes em cumprir a sentença arbitral, o outro participante pode recorrer ao Judiciário. A sentença arbitral produz os mesmos efeitos de uma sentença judicial. Isso significa que uma das partes tem o direito de entrar com uma ação de execução na Justiça para obrigar a outra a cumprir a decisão arbitral. Para garantir o cumprimento, o Judiciário pode determinar medidas como o arresto e a penhora de bens. O participante afetado pela ação de execução, por sua vez, pode pedir a suspensão do processo e a anulação da decisão arbitral entrando com uma ação de embargos do devedor.

É importante lembrar, contudo, que o próprio conceito da arbitragem pressupõe que ambas as partes cumpram voluntariamente a decisão dos árbitros. Isso evita atrasos na solução do caso e aborrecimentos para todos. Afinal, fazem parte dos princípios da arbitragem as metas de poupar tempo e contribuir para a manutenção do bom relacionamento entre os parceiros.

Ação de execução
Ação judicial que tem o objetivo de obrigar uma das partes a cumprir uma decisão ou acordo que não foi seguido voluntariamente.

Arresto
Medida judicial que consiste na apreensão de bens para garantia de eventual execução promovida contra o suposto devedor.

Embargos do devedor
Ação judicial destinada a cancelar o processo de execução, por motivos como erro no processo, inexigibilidade da obrigação cobrada, ilegitimidade das partes ou impedimento do juiz.

CONTORNANDO OS PROBLEMAS

A arbitragem e a administração pública

O uso da arbitragem para solucionar conflitos da administração pública é um tema ainda controverso no Brasil. Embora não trate especificamente dessa possibilidade, a Lei de Arbitragem também não a exclui. Em princípio, as instituições estatais brasileiras poderiam então usar a arbitragem para resolver controvérsias relativas a direitos patrimoniais disponíveis resultantes de seus contratos, como já ocorre em países como Estados Unidos, Alemanha, Inglaterra, Holanda e França. A exceção ocorreria nos casos que tratam de direitos indisponíveis, envolvendo bens públicos de uso comum ou de interesse da coletividade.

O motivo da polêmica

Alguns juristas, porém, afirmam que os direitos do Estado são sempre indisponíveis e, portanto, não podem ser discutidos por arbitragem. O argumento é que, nesses contratos, o interesse público tem que prevalecer sobre o interesse privado.
Já a corrente oposta alega que a maior parte das disputas em torno de contratos com a administração pública trata de questões pecuniárias (como contratos de prestação de serviços por terceiros, por exemplo), que não ameaçariam a soberania do Estado. Outro argumento é que o uso da arbitragem pela administração pública dependeria de previsão legal, pois o Estado só estaria autorizado a agir conforme o que a lei diz expressamente. Na verdade, uma série de leis já prevê o uso da arbitragem em contratos com o Estado. Uma delas é a Lei das Concessões Públicas (Lei nº 8.987/95), que inclui entre as cláusulas essenciais do contrato de concessão de serviços públicos as "relativas ao foro e ao modo amigável de solução das divergências contratuais".
Previsões semelhantes foram inseridas nas áreas sujeitas às agências regulatórias. A Lei nº 9.478/97, que criou a Agência Nacional do Petróleo (ANP), menciona a conciliação e a arbitragem internacional para resolver conflitos nos contratos de exploração e produção de petróleo. No caso do setor elétrico, a Lei nº 10.848/04, que cria a Câmara de Compensação de Energia Elétrica, também diz que as divergências entre os seus integrantes serão resolvidas por arbitragem.

Sem consenso na Justiça

O uso da arbitragem pelo Estado enfrenta decisões divergentes no Judiciário. Um exemplo contrário à aplicação do método ocorreu no processo movido pela Companhia Paranaense de Energia (Copel), controlada pelo Estado do Paraná, para questionar a cláusula compromissória de um contrato firmado com a UEG Araucária (auto de origem 24.334). A UEG já havia instaurado um procedimento na Corte Internacional de Arbitragem da Câmara de Comércio Internacional (CCI) para resolver uma discussão sobre um contrato com a estatal paranaense. Segundo matéria publicada pelo *Valor Econômico*, a 3ª Vara da Fazenda Pública de Curitiba, ao analisar o caso, declarou nula a cláusula de arbitragem e determinou a aplicação de uma multa diária à UEG caso ela continuasse a se manifestar no procedimento de arbitragem. O processo ainda corre na Justiça e, até junho de 2004, não havia julgamento de mérito de segunda instância.

Também existem decisões favoráveis à arbitragem. Num desses casos, o Tribunal de Alçada do Paraná entendeu que a Companhia Paranaense de Gás (Compagás), uma sociedade de economia mista, poderia submeter-se ao procedimento para discutir um contrato com uma empresa para a realização de serviços na rede de distribuição de gás em Curitiba. A 7ª Câmara Cível do tribunal entendeu que a exploração dos serviços é regida pelo regime jurídico próprio das empresas privadas, podendo, assim, ser submetida à arbitragem (Apelação Cível 247.646-0).

Parcerias público-privadas

O projeto de lei do governo que cria as parcerias público-privadas (PPPs) prevê a inclusão do uso da arbitragem nos contratos decorrentes das parcerias. Legislações já editadas nos Estados de Minas Gerais e São Paulo também incluem a previsão da arbitragem para solucionar conflitos nas PPPs.

As PPPs são um modelo em que o Estado planeja e orienta o setor privado nos investimentos em infra-estrutura, cabendo à livre iniciativa executar e operar as obras em segmentos como transporte, saneamento, energia elétrica e habitação. As empresas arcam com os recursos e, concluída a obra, o governo passa a fazer desembolsos conforme a quantidade e a qualidade dos serviços prestados. Em 2004, o projeto de lei federal das PPPs tramitava no Congresso Nacional ao mesmo tempo em que circulava na Casa uma proposta de emenda constitucional (PEC 29, de 2000) com um artigo proibindo o uso da arbitragem pela administração pública. Tal restrição, criticada por diversas entidades, depende de apreciação dos legisladores.

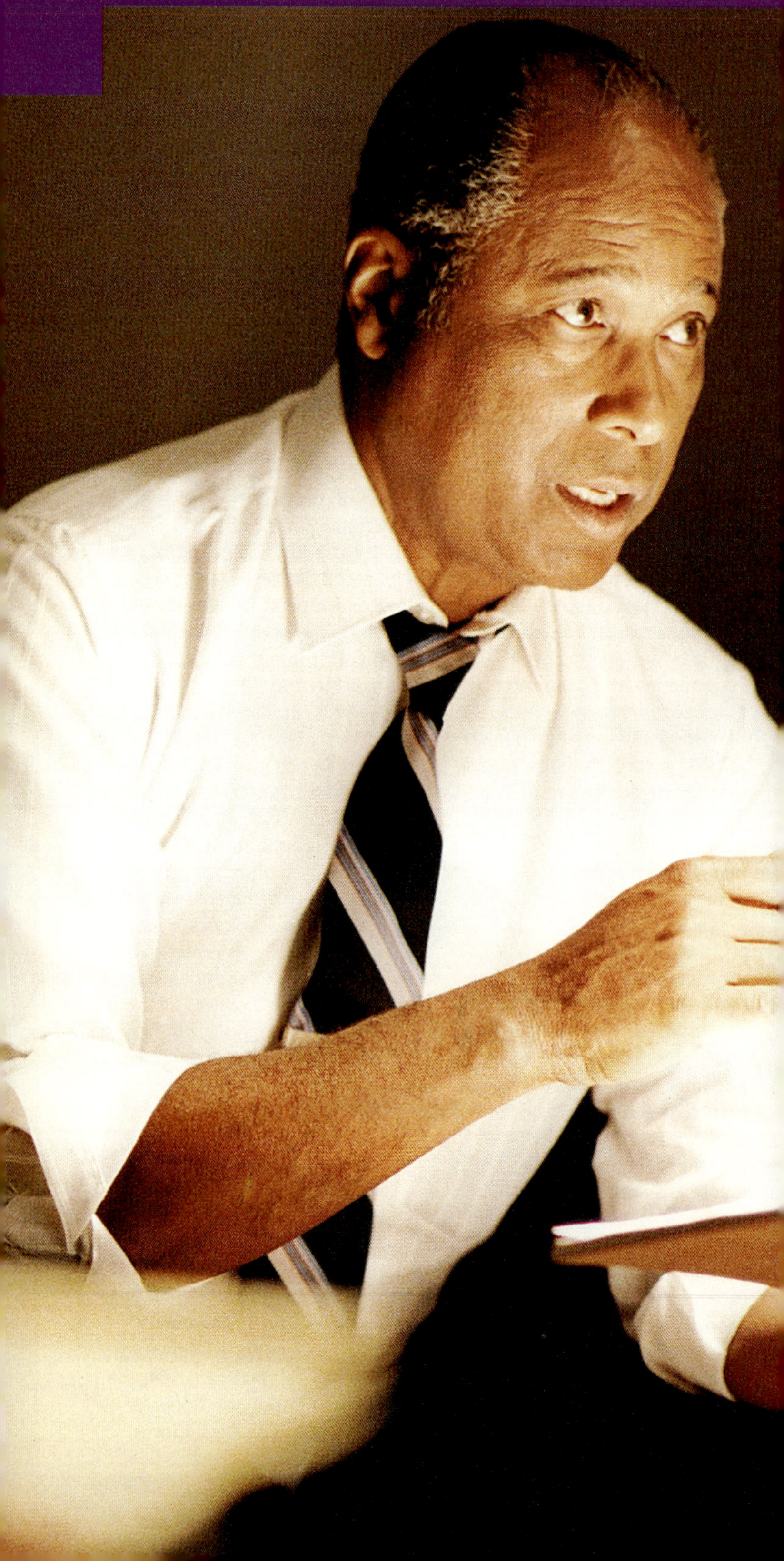

A ARBITRAGEM NA PRÁTICA

SAIBA DAS POSSIBILIDADES QUE O MÉTODO OFERECE

As peculiaridades da arbitragem nas relações de consumo, em questões trabalhistas e nos contratos de pequenas empresas

A ARBITRAGEM NA PRÁTICA
SAIBA DAS POSSIBILIDADES QUE O MÉTODO OFERECE

Em que situações comerciais a arbitragem pode ser usada?

Em todo tipo de contrato empresarial, desde que haja concordância entre os contratantes

A arbitragem pode ser usada em qualquer ramo comercial, figurando como método de solução de conflitos em contratos entre empresas brasileiras e também entre empreendimentos nacionais e estrangeiros. Está presente em acordos de prestação de serviço, compra e venda de mercadorias, *franchising*, uso de marcas e patentes, discussões societárias e várias outras modalidades de contrato.

O que muitas vezes leva o empresário a escolher a arbitragem antes mesmo do surgimento de algum problema é a importância econômica e a complexidade do negócio. Em contratos envolvendo valores altos, é comum as empresas optarem pela arbitragem para solucionar possíveis controvérsias, em detrimento da via judiciária. Isso porque uma longa discussão na Justiça pode representar prejuízos para os dois lados.

Se a disputa trata de questões excessivamente técnicas, a arbitragem também pode ser preferível. Enquanto no Judiciário o caso passa pela análise de um juiz generalista, na arbitragem as partes podem escolher um árbitro especializado na área em questão, possibilitando uma decisão mais rápida e mais técnica. Ao optar pela arbitragem, principalmente nos contratos de longa duração, as empresas também evitam ou amenizam os desgastes no relacionamento com seus parceiros comerciais.

As micro e pequenas empresas podem usar a arbitragem?

Qualquer empresa, não importa o tamanho, está apta a recorrer à arbitragem

A arbitragem é um mecanismo à disposição de empresas de qualquer porte. Assim como as grandes companhias, os pequenos e microempresários podem incluir cláusulas de arbitragem em seus contratos no intuito de evitar os transtornos gerados pela demora de um processo judicial e pelo desgaste na relação com parceiros comerciais. Para a <mark>microempresa</mark> ou para a <mark>empresa de pequeno porte</mark>, uma longa ação de cobrança no Judiciário significa menos dinheiro em caixa, menor capital de giro e perda de tempo e de energia que poderiam ser aplicados na administração dos negócios. Além disso, muitas vezes não vale a pena entrar na Justiça para cobrar uma dívida pequena: despesas com o processo judicial podem fazer com que a ação saia mais cara do que o próprio valor do contrato. Na arbitragem, o procedimento de cobrança de dívida tende a ser bem mais rápido, demorando alguns meses. No entanto, às vezes o custo do procedimento revela-se caro. Para que a opção pelo método gere resultados satisfatórios, convém procurar uma câmara arbitral que cobre taxas acessíveis e, de preferência, seja voltada para o atendimento a microempresários.
Antes de tomar uma decisão, o empresário deve avaliar suas necessidades. Se problemas semelhantes ao seu já foram julgados de forma favorável na Justiça e contam com jurisprudência consolidada, entrar com um processo no Judiciário pode ser uma escolha mais interessante que a arbitragem.

Mesmo que o micro ou pequeno empresário não seja adepto do método, vale a pena se informar sobre a arbitragem. Caso tenha planos de exportar no futuro, por exemplo, ele provavelmente encontrará pela frente um comprador que tem como prática o uso da cláusula arbitral, tradicionalmente adotada em contratos internacionais.

Microempresa
Empreendimento com receita bruta anual de até R$ 433.775,14, conforme o Estatuto da Microempresa e da Empresa de Pequeno Porte.

Empresa de pequeno porte
Empreendimento com receita bruta anual superior a R$ 433.775,14 e igual ou inferior a R$ 2.133.222,00, conforme o Estatuto da Microempresa e da Empresa de Pequeno Porte.

A ARBITRAGEM NA PRÁTICA
SAIBA DAS POSSIBILIDADES QUE O MÉTODO OFERECE

Existem câmaras especializadas em atender micro e pequenas empresas?

Alguns centros oferecem tratamento diferenciado para a pequena empresa

Até 2004 não havia no Brasil câmaras especializadas no atendimento às micro e pequenas empresas. O interesse do segmento pela arbitragem, no entanto, tem levado alguns centros a adotar estratégias de atendimento diferenciado para esses empreendedores, oferecendo taxas e honorários de árbitros com valores inferiores à média.

Um exemplo é a Câmara Brasileira de Mediação e Arbitragem Empresarial (CBMAE), ligada à Confederação das Associações Comerciais do Brasil (CACB). Localizada em Brasília, oferece atendimento diferenciado às micro e pequenas empresas, que ganham descontos de 50% nas taxas de registro e administração do procedimento arbitral.

O Serviço Brasileiro de Apoio às Micro e Pequenas Empresas (Sebrae) é uma das entidades que contribuiu para a divulgação da arbitragem e para a especialização de câmaras no atendimento aos empresários de pequeno porte. Desde 1999, a entidade participa do Programa de Fortalecimento da Mediação e Arbitragem para Micro e Pequenas Empresas, em parceria com a CACB. A conclusão do projeto estava prevista para 2004.

CBMAE
Para mais informações sobre essa câmara de mediação e arbitragem, acesse www.cacb.org.br.

REPRESENTATIVIDADE DAS MICRO E PEQUENAS EMPRESAS NO BRASIL

Quantas são	4,6 milhões formais
Empregos gerados	14,5 milhões
Representatividade entre os estabelecimentos industriais, comerciais e de serviços no País	99,2%
Número de ações no Judiciário*	8.134.000

Fonte: Sebrae. (*) Entre 1990 e 2000.

A arbitragem pode ser usada nas relações de consumo?

Sim, desde que a proposta parta do consumidor ou seja livremente aceita por ele

A arbitragem é aplicável na solução de conflitos em qualquer tipo de contrato, incluindo aqueles que envolvem a compra de mercadorias, produtos e serviços pelo consumidor final. Porém, ao contrário do que ocorre em outros países, como Portugal e Argentina, onde o método é amplamente difundido para resolver questões do consumo, a arbitragem no Brasil é pouco conhecida e usada nessa área. Na tradição brasileira, problemas na compra de mercadorias e serviços são levados aos órgãos de Proteção e Defesa do Consumidor (Procon), aos Juizados Especiais Cíveis ou à Justiça comum – mas também encontrariam solução por meio da arbitragem.

Tome-se como exemplo a seguinte história verídica. Um consumidor compra um carro zero-quilômetro e descobre que o estepe, nunca usado, está com defeito. Ele entra em contato com a concessionária, mas é informado que o prazo para reclamações já venceu. A situação poderia ser solucionada na Justiça, mas ao procurar um advogado o consumidor recebe a sugestão de resolver o problema pela arbitragem. Na primeira reunião, numa câmara de arbitragem de São Paulo, as partes chegam a um acordo antes mesmo de o caso ser julgado pelo árbitro. Como ressarcimento, o consumidor aceita peças gratuitas para troca em revisões futuras na concessionária.

O caso ilustra apenas uma das situações de uso eficiente da arbitragem. O procedimento, entretanto, só é válido quando o consumidor propõe o seu uso ou o aceita livremente, sem qualquer imposição da empresa.

O Conselho Arbitral do Estado de São Paulo (Caesp) passou efetivamente a registrar casos relacionados a questões de consumo a partir de maio de 2003. Até junho de 2004, a entidade havia recebido 280 casos. Do total de procedimentos, 90% referiam-se a discussões de consumidores com micro e pequenas empresas.

Procon
Entidades municipais ou estaduais de defesa do consumidor que prestam atendimento aos cidadãos, orientando e promovendo conciliações entre eles e as empresas. Também coordenam e executam a política local de defesa do consumidor. No Brasil há 27 Procons estaduais. Saiba mais sobre o Sistema Nacional de Defesa do Consumidor no site www.mj.gov.br.

Juizados Especiais Cíveis
Criados em 1995 pela Lei nº 9.099, substituíram os antigos Juizados de Pequenas Causas. Têm competência para promover a conciliação ou julgar causas de até 40 salários mínimos. O acesso aos juizados é gratuito e não exige a contratação de advogado para ações de até 20 salários mínimos.

A ARBITRAGEM NA PRÁTICA
SAIBA DAS POSSIBILIDADES QUE O MÉTODO OFERECE

Que cuidados devem ser tomados nos contratos de adesão?

Segundo a Lei de Arbitragem, a cláusula compromissória deve ser de fácil leitura, estar em negrito e em local de destaque no contrato

Apesar de todas as previsões feitas pela Lei de Arbitragem para o uso da cláusula compromissória nos contratos de adesão, alguns especialistas entendem que o consumidor sempre tem direito de recorrer ao Judiciário – mesmo que assine o contrato de adesão com a cláusula arbitral e ainda que esta tenha respeitado todas as determinações da Lei nº 9.307. Portanto, as empresas devem estar cientes de que uma cláusula compromissória no contrato de adesão não garante o uso da arbitragem.

Os contratos de adesão são os mais usados na venda de mercadorias e serviços para o consumidor final. Nesse tipo de documento, o consumidor aceita todas as cláusulas existentes, sem o direito de questionar ou modificar nenhuma delas. No caso da cláusula de arbitragem, porém, o assunto é diferente. É consenso que o consumidor não pode ser obrigado a aceitar o procedimento e que tem o direito de escolher se quer ou não inserir uma cláusula compromissória no contrato, uma vez que ela significa a desistência de eventuais processos no Judiciário.

Por isso, a Lei de Arbitragem estabelece uma série de cuidados que a empresa deve tomar ao inserir uma cláusula compromissória num contrato de adesão. Para garantir a informação do consumidor e respeitar sua vontade, a lei estipula que a cláusula compromissória seja redigida em negrito. Especialistas também recomendam o uso de letras de fácil leitura, com a cláusula ocupando uma área de destaque no contrato. Outra opção oferecida pela lei é a elaboração de um documento anexo com a previsão de uso do procedimento, com letras grandes e em negrito.

A empresa também precisa informar o consumidor de que, de acordo com a Lei de Arbitragem, a escolha desse procedimento representa a opção de não ir ao Judiciário se a compra do produto ou serviço gerar problemas no futuro. A câmara eleita para administrar a arbitragem deve ser de fácil acesso para o consumidor e localizada na cidade de sua residência. Se algum desses pontos não for respeitado, a cláusula arbitral pode ser considerada abusiva.

LEGISLAÇÃO BÁSICA

O artigo 4º da Lei de Arbitragem diz, no inciso 2, que "nos contratos de adesão, a cláusula compromissória só terá eficácia se o aderente tomar a iniciativa de instituir a arbitragem ou concordar, expressamente, com a sua instituição, desde que por escrito em documento anexo ou em negrito, com a assinatura ou visto especialmente para essa cláusula".

Existem controvérsias sobre o uso da arbitragem na área de consumo?

Para alguns especialistas, o uso da cláusula de arbitragem compulsória nos contratos de adesão é proibido pelo Código de Defesa do Consumidor

A principal crítica ao uso da arbitragem na área de consumo é que, como parte mais fraca na relação, ao assinar o contrato o consumidor tenderia a ser induzido a aceitar o método, ignorando a existência da cláusula compromissória ou sem ser devidamente informado sobre o assunto. Na esfera legal, o Código de Defesa do Consumidor considera nula a cláusula contratual que estipula o uso da arbitragem compulsória.

Além disso, a arbitragem tem o sigilo como característica, o que vai contra a prática dos Procons de divulgar periodicamente os nomes de empresas que mais recebem queixas de consumidores. A publicidade da reclamação é um dado relevante, porque informa os demais consumidores sobre a insatisfação causada por determinado produto, serviço ou empresa.

Alguns especialistas consideram que a melhor maneira de incentivar o uso da arbitragem nas relações de consumo seria a edição de uma lei "sob medida" para tratar da questão. Na ausência de lei específica, recomenda-se que as empresas adotem a "oferta de arbitragem" (ou "cláusula optativa"). Trata-se de propor ao consumidor a possibilidade de uso do procedimento arbitral, informando nos contratos de compra ou prestação de serviço (ou, ainda, na embalagem do produto) os nomes das câmaras arbitrais às quais recorrer, em caso de eventual conflito. Essa prática, porém, não é comum no Brasil.

Código de Defesa do Consumidor

A Lei nº 8.078/90 prevê, no artigo 51, inciso 7, que "são nulas de pleno direito, entre outras, as cláusulas contratuais relativas ao fornecimento de produtos e serviços que determinem a utilização compulsória de arbitragem".

FIQUE DE OLHO

■ *Enquanto alguns juristas argumentam que o Código de Defesa do Consumidor proíbe o uso da cláusula compulsória de arbitragem, outros afirmam que o dispositivo foi revogado pela Lei de Arbitragem, promulgada posteriormente.*

A ARBITRAGEM NA PRÁTICA
SAIBA DAS POSSIBILIDADES QUE O MÉTODO OFERECE

Quais as vantagens do uso da arbitragem para o consumidor?

Agilidade e especialização são os principais benefícios para o consumidor

A arbitragem na área do consumo é uma opção a mais para o consumidor resolver problemas na compra de um produto ou serviço, desfrutando vantagens como rapidez na solução de controvérsias e decisões baseadas em critérios técnicos. No Conselho Arbitral do Estado de São Paulo (Caesp), uma arbitragem envolvendo discussão de consumo demora cerca de 20 dias para ser finalizada. A via judicial é bem mais lenta. No Juizado Central da Capital, em São Paulo, por exemplo, o trâmite consome cerca de oito meses, entre a entrada e o julgamento. Se o procedimento for solucionado na primeira audiência de conciliação promovida pelo juizado, o prazo cai para quatro meses. Por sua vez, no Juizado Especial Cível das Relações de Consumo de Belo Horizonte o tempo entre a entrada do processo e o julgamento varia de quatro a seis meses. A primeira audiência para conciliação demora 30 dias para ser marcada e 30% dos casos terminam em acordo. Apesar de mais longo, o trâmite processual nos juizados tem como vantagem o fato de ser gratuito, ao passo que na arbitragem o consumidor, juntamente com a empresa, paga os honorários dos árbitros e demais taxas. Do ponto de vista econômico, a arbitragem pode valer a pena se a empresa arcar com os custos do procedimento.

Quais as vantagens para as empresas?

Rapidez, sigilo e preservação da imagem pública

Para as empresas, uma das vantagens em recorrer à arbitragem para resolver problemas com os consumidores está no sigilo do procedimento, que em muitos casos pode evitar a divulgação de informações capazes de prejudicar sua imagem no mercado. A rapidez da decisão arbitral constitui outro benefício, pois reduz os desgastes no relacionamento com o cliente.

Dependendo da reclamação, a especialidade do árbitro talvez represente um diferencial importante em relação ao Judiciário. Tome-se como exemplo um episódio real ocorrido com um fabricante de cosméticos.

Uma consumidora que usara um creme fabricado pela empresa ameaçava entrar na Justiça, alegando que o produto havia causado sérios ferimentos em seu rosto. Ela também se dizia disposta a alardear o caso, denunciando-o em programas de TV. Diante da situação, o fabricante sugeriu a arbitragem como forma de solucionar o problema, proposta aceita pela consumidora.

Uma médica dermatologista foi indicada para conduzir o processo arbitral. A especialista conversou com a consumidora e examinou-lhe as feridas do rosto. Chegou à conclusão, então, de que as lesões eram causadas pela doença lúpus, e não pelo creme vendido pela empresa de cosméticos.

A ARBITRAGEM NA PRÁTICA
SAIBA DAS POSSIBILIDADES QUE O MÉTODO OFERECE

Como funciona a arbitragem trabalhista?

O procedimento pode ser usado para contratos coletivos, mas há restrições para os contratos individuais

Levantamento do escritório Veirano Advogados, de março de 2004, mostra que, entre dez julgamentos de cinco Tribunais Regionais do Trabalho (TRTs), oito foram contrários à arbitragem em contratos individuais. A rejeição ocorreu em TRTs de São Paulo, Campinas, Distrito Federal e Mato Grosso, cujas decisões interpretaram o direito do trabalhador como indisponível e alegaram não existir previsão legal para esses casos. Uma decisão da 7ª Turma do TRT-SP, por exemplo, entendeu que a natureza da arbitragem é comercial e pressupõe igualdade das partes, o que se oporia ao sistema de proteção ao trabalhador. Já em duas decisões, o TRT da Bahia defendeu o uso da arbitragem se o empregado aceitá-la livremente.

Uma polêmica envolve o uso da arbitragem para contratos individuais de trabalho. Alguns juristas entendem que o método é inaplicável a esses contratos, uma vez que os direitos dos trabalhadores seriam indisponíveis, ou seja, não estariam sujeitos à negociação e à renúncia.

Outros especialistas, no entanto, defendem a arbitragem como meio válido para o trabalhador discutir direitos relacionados a questões econômicas, como pagamento e cálculo do saldo de salário, hora extra e liberação do Fundo de Garantia por Tempo de Serviço (FGTS).

Neste último caso, a pessoa abre mão de ir à Justiça do Trabalho, optando por ter esses direitos analisados por um ou mais árbitros. Como o trabalhador é a parte mais fraca na relação de emprego, é sempre dele que deve partir a proposta de arbitragem. Se sugerido pela empresa, o método só pode ser utilizado se o empregado aceitá-lo espontaneamente. O cuidado extra com o uso da arbitragem no direito do trabalho assemelha-se ao exigido pela arbitragem no consumo: garantir o respeito à vontade da parte mais

CRESCE O USO DA ARBITRAGEM TRABALHISTA NO BRASIL

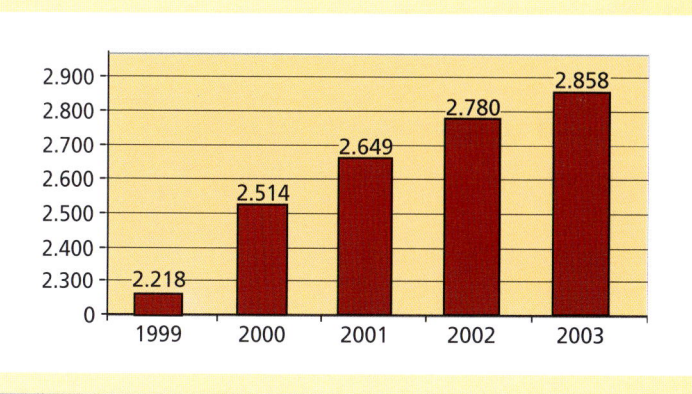

Ano	Valor
1999	2.218
2000	2.514
2001	2.649
2002	2.780
2003	2.858

Fonte: Pesquisa do Conselho Nacional das Instituições de Mediação e Arbitragem (Conima) com as 77 câmaras associadas.

fraca na relação. Há consenso em não utilizar a arbitragem em conflitos relacionados a direitos de natureza social, que são considerados indisponíveis. Tampouco existe polêmica em torno dos dissídios coletivos, uma vez que a própria Constituição Federal (artigo 114, parágrafo 1º) autoriza o uso da arbitragem nesses casos. Segundo o dispositivo, a arbitragem pode ser aplicada caso a negociação entre a empresa e a categoria fracassar – no entanto, o uso do método é facultativo. Se assim o desejarem, as partes podem ir diretamente ao Judiciário.

Direitos de natureza social
Direitos relacionados a questões como insalubridade, periculosidade, trabalho exercido por menores de idade ou pagamento de remuneração inferior ao salário mínimo.

A ARBITRAGEM NA PRÁTICA
SAIBA DAS POSSIBILIDADES QUE O MÉTODO OFERECE

Quais os argumentos contra o uso da arbitragem na área trabalhista?

Um deles é o de que o direito individual do trabalhador não pode ser negociado

O principal argumento contra o uso da arbitragem para contratos individuais é que o direito trabalhista, mesmo em questões econômicas, seria indisponível. Ou seja, o trabalhador não poderia renunciar a esses direitos nem negociá-los. Há também o entendimento de que não existe previsão legal para o uso da arbitragem em contratos individuais de trabalho, ao contrário do que ocorre com os contratos coletivos.

Outro argumento é que o trabalhador, por sua própria condição – dependente do emprego e parte mais fraca da relação trabalhista –, poderia ser coagido a assinar um contrato com a previsão de uso da arbitragem, mesmo sem conhecer o método ou ter a intenção de utilizá-lo no futuro. Isso iria contra o próprio conceito da arbitragem, baseado na vontade e na autonomia das partes. Há quem alegue, ainda, que o processo arbitral, por não exigir a presença de um advogado, poderia induzir o empregado a abrir mão de certos direitos pelo simples fato de desconhecê-los. Para a empresa, o risco em usar a arbitragem trabalhista para contratos individuais é a possibilidade de anulação da sentença arbitral pela Justiça.

Quais os argumentos a favor?

A rapidez na solução da controvérsia permite o recebimento das verbas trabalhistas em menor tempo

A rapidez é uma das principais vantagens da arbitragem trabalhista – tanto para o empregado, interessado em receber logo sua remuneração, como para a empresa, que encerra a controvérsia sem demora. O procedimento arbitral nessa área dura, em média, duas semanas, enquanto um processo na Justiça do Trabalho pode levar anos até ser concluído. Para a empresa e para alguns trabalhadores, principalmente aqueles que ocupam cargos de diretoria, há também a vantagem do sigilo: em certos casos, a exposição do litígio não interessa a nenhuma das partes. As decisões tomadas pela Justiça do Trabalho, em contraste, são públicas. Segundo câmaras brasileiras de arbitragem que atendem conflitos trabalhistas, as principais questões discutidas atualmente na área são os pagamentos de hora extra e de décimo terceiro salário.

A ARBITRAGEM NA PRÁTICA
SAIBA DAS POSSIBILIDADES QUE O MÉTODO OFERECE

Que cuidados o trabalhador deve tomar com o uso da arbitragem?

Procurar uma câmara competente e usar o método somente de forma espontânea, sem aceitar imposições

Antes de mais nada, o trabalhador deve estar consciente de que entende o funcionamento da arbitragem. Em segundo lugar, convém julgar se a opção vale a pena. O patrão não tem o direito de forçar o empregado a aceitar a arbitragem – esse tipo de imposição pode gerar, no futuro, a anulação do procedimento.

Se o trabalhador quiser usar a arbitragem, um terceiro ponto importante consiste em avaliar a câmara arbitral que discutirá o eventual conflito. Recomenda-se verificar se o centro arbitral é sério e idôneo e se tem uma lista de árbitros competentes e confiáveis. Não custa, ainda, checar se a câmara oferece auxílio gratuito de advogados aos trabalhadores nas audiências arbitrais (mesmo que o método, em princípio, dispense a presença de advogados).

Antes de iniciar o procedimento, uma câmara de arbitragem séria avalia se o trabalhador sabe o que é a arbitragem e se está ali por vontade própria. Há relatos de empresas que, de má-fé, orientam o empregado a fazer a homologação de sua rescisão contratual num centro de arbitragem inidôneo, como se o local fosse o sindicato da categoria daquele trabalhador. Em situações irregulares como essa, o empregado que comparece sem um advogado pode ser induzido a erro e a abrir mão de seus direitos, por mero desconhecimento.

A arbitragem pode ser usada nos conflitos imobiliários?

O método aplica-se a várias situações da área imobiliária

Na área do direito imobiliário, a arbitragem encontra vasto campo de aplicação, a começar pelos contratos entre empresas do setor. Uma construtora, por exemplo, pode incluir uma cláusula compromissória no contrato de prestação de serviços por uma firma de engenharia. Empresas do ramo que atuam em parceria também podem resolver pela arbitragem os conflitos que surgirem no decorrer do trabalho. Uma das vantagens é que o uso da arbitragem traz bem menos desgastes à relação entre os parceiros comerciais do que um clássico litígio judicial. Condomínios também podem resolver por arbitragem os problemas com seus condôminos, desde que todos estejam de acordo com o uso do método. Brigas entre vizinhos por desrespeito a normas internas do condomínio também admitem solução pelo procedimento arbitral. A experiência demonstra que a maioria dos conflitos entre vizinhos levados às câmaras de arbitragem é resolvida por mediação ou conciliação, antes mesmo que o assunto seja julgado pelo árbitro. Outra aplicação da arbitragem está nos contratos de locação e de compra e venda de imóveis. Alguns especialistas entendem, porém, que o uso do método nesses casos deve observar os mesmos cuidados tomados nos contratos de adesão: assinatura separada na cláusula de arbitragem, redação em negrito e com destaque, e concordância expressa e espontânea pelo comprador ou locatário.

A constatação do alto índice de conflitos imobiliários no Brasil e da propensão do setor em buscar saídas amigáveis levou a Associação Brasileira dos Advogados do Mercado Imobiliário (Abami) a criar, em 2004, uma câmara de arbitragem e mediação destinada a atender exclusivamente conflitos imobiliários. A Câmara Imobiliária de Mediação e Arbitragem, com sede no Rio de Janeiro, tem o objetivo de atender desde brigas entre vizinhos até conflitos em grandes contratos da construção civil.

A ARBITRAGEM NA PRÁTICA

A arbitragem
no mercado de capitais e no sistema financeiro

O número de câmaras de arbitragem especializadas ainda é pequeno no Brasil. A criação de centros arbitrais voltados para determinados setores, no entanto, pode ser uma tendência no longo prazo. Entidades como a Bolsa de Valores de São Paulo (Bovespa) e a Associação Nacional das Instituições do Mercado Financeiro (Andima), por exemplo, inauguraram centros de arbitragem para solucionar conflitos nessas áreas.

A vantagem que apontam é a especialidade das câmaras em conduzir questões específicas desses segmentos, incluindo um quadro de árbitros capazes de lidar com a complexidade e a especificidade dos assuntos a serem tratados. O objetivo é oferecer aos usuários uma alternativa mais ágil e especializada do que o Poder Judiciário.

Câmara de Arbitragem do Mercado

Criada em 27 de julho de 2001 pela Bovespa, a Câmara de Arbitragem do Mercado (CAM) avalia conflitos relacionados ao mercado de capitais. Os casos levados a ela podem incluir discussões sobre a aplicação da Lei das S.A., a interpretação de estatutos sociais das companhias, conflitos societários e a aplicação de normas do Conselho Monetário Nacional, do Banco Central ou da Comissão de Valores Mobiliários.

Pouco tempo depois da criação da CAM, a nova Lei das S.A., editada em outubro, estabeleceu que os estatutos das sociedades por ações podem prever o uso da arbitragem para resolver divergências entre acionistas e companhia ou entre acionistas controladores e minoritários.

Até junho de 2004, nove empresas haviam aderido à CAM: Petrobras, Banco do Brasil, Sabesp, Natura, Marcopolo, América Latina Logística, Celesc, CCR-Rodovias e Net. Todas incluíram em seus estatutos uma cláusula prevendo o uso da arbitragem conforme as regras da entidade. No entanto, até então a CAM não registrara nenhum caso ao longo de seus primeiros três anos de existência.

A Bovespa tem como norma a obrigatoriedade de uso da CAM pelas empresas classificadas no Nível 2 de práticas diferenciadas de governança corporativa e no Novo Mercado. O Nível 2 da Bovespa inclui as companhias que voluntariamente adotam procedimentos de transparência no relacionamento com os investidores e oferecem aos acionistas minoritários direitos que vão além do previsto em lei. No Novo Mercado, a transparência e a concessão de direitos aos minoritários são ainda mais amplas. Empresas que desejam ser classificadas nesses níveis devem necessariamente usar a CAM para solucionar conflitos envolvendo o mercado de capitais. A regra vale também para seus administradores, acionistas controladores e membros do conselho fiscal. Eventuais disputas que surgirem entre a Bovespa e as corretoras membros, assim como entre as sociedades corretoras, também serão obrigatoriamente resolvidas segundo o regulamento da CAM. O centro arbitral pode receber demandas de qualquer companhia interessada em contratá-la para administrar o procedimento de arbitragem, desde que o assunto discutido esteja relacionado à especialidade da CAM. A câmara tem uma lista de 31 árbitros que reúne profissionais das mais diversas áreas, como economistas, contadores, advogados e administradores de empresas.

O procedimento na CAM

Ao acionar a CAM, o interessado pode escolher entre três opções de procedimento: a arbitragem ordinária, a sumária e a *ad hoc*. Na arbitragem ordinária, o conflito será julgado por três árbitros. Cada parte indica um árbitro e o terceiro é escolhido pelos dois já eleitos, a partir da lista de profissionais da própria CAM. A arbitragem sumária tem apenas um árbitro, que deve ser escolhido de comum acordo pelas partes. O procedimento se destina a questões mais simples e é mais econômico: os participantes pagam honorários a apenas um profissional. Já na arbitragem *ad hoc*, os envolvidos no conflito escolhem quantos árbitros quiserem, desde que em número ímpar. Os profissionais podem ou não integrar a lista da CAM. Ao optar pelo método *ad hoc*, os participantes ficam livres para estabelecer suas próprias regras ou usar o regulamento da câmara da Bovespa. Eles têm também a opção de aplicar as normas de outra câmara de arbitragem, mesmo que a CAM conduza o procedimento.

Câmara de Arbitragem da Andima

A Andima também criou, em 19 de abril de 2003, um centro arbitral voltado para a resolução de conflitos relacionados ao sistema financeiro. Os interessados em usá-lo devem incluir uma cláusula em seus contratos prevendo o uso da arbitragem segundo o regulamento da Câmara de Arbitragem da Andima (CAA), ou indicar a opção após o surgimento do conflito, por meio do compromisso arbitral. Os árbitros incluídos na lista da CAA são especialistas em mercado financeiro e bancário.

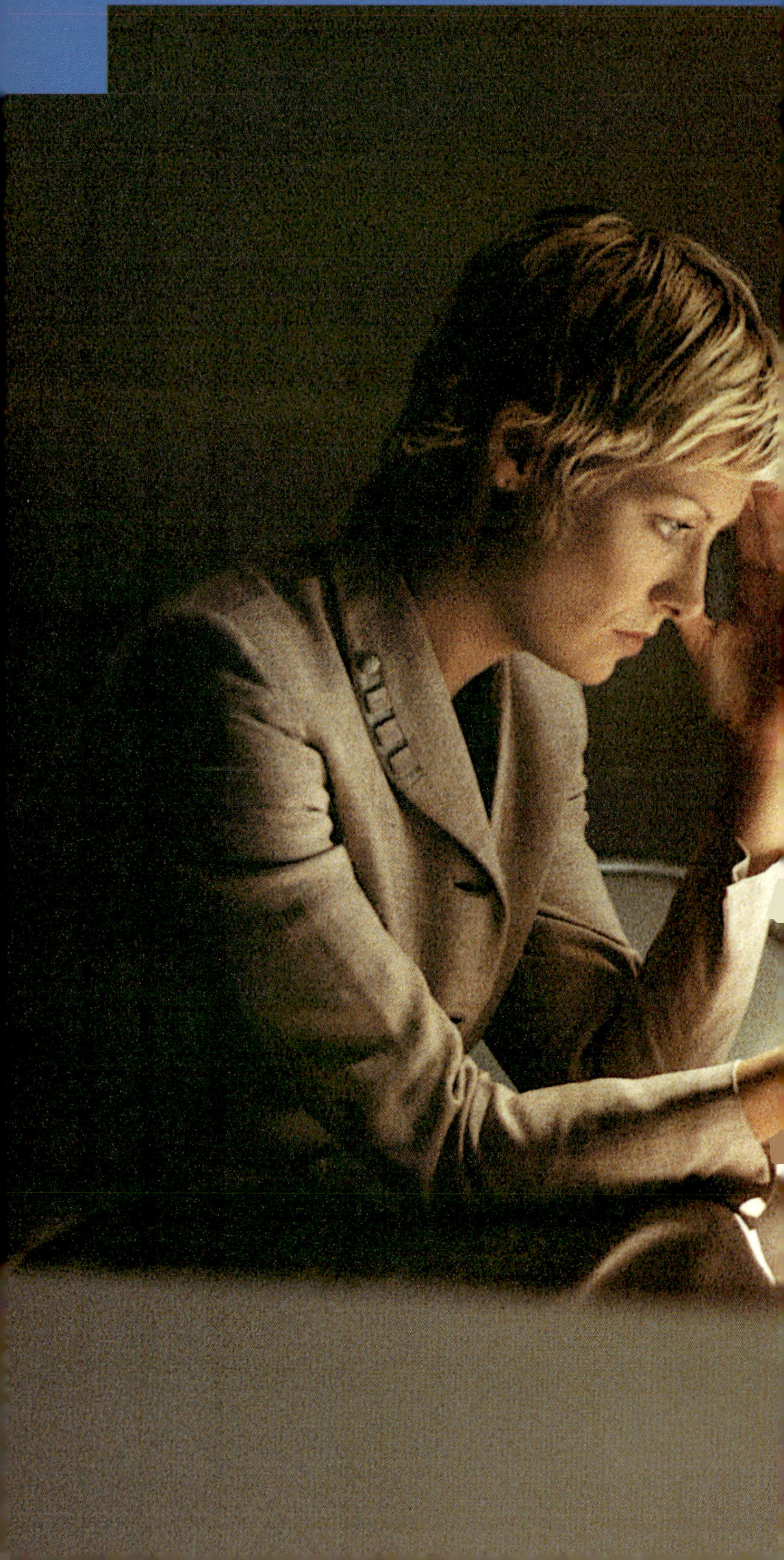

A LEI DE ARBITRAGEM BRASILEIRA

CONHEÇA AS INOVAÇÕES DA LEGISLAÇÃO

A arbitragem existe no Brasil desde a época da colonização, mas perdeu força com a edição de leis que limitaram o procedimento

A LEI DE ARBITRAGEM BRASILEIRA
CONHEÇA AS INOVAÇÕES DA LEGISLAÇÃO

Desde quando a arbitragem existe no Brasil?

O procedimento está previsto pela legislação desde a época da colonização portuguesa

A arbitragem não é novidade no Brasil. Ao contrário, ela existe no País desde a época do Império. A primeira Constituição brasileira, de 1824, previa a possibilidade de uso do método para causas cíveis e, em algumas circunstâncias, questões penais. A carta também previa que as sentenças arbitrais poderiam ser executadas sem recurso, mediante concordância prévia das partes. Normas específicas da década de 1830 submeteram disputas relativas a seguros e locações de serviços à arbitragem. Mais tarde, o Código Comercial de 1850 estipulou a arbitragem obrigatória para uma série de situações comerciais e para algumas questões trabalhistas.

O Código Civil de 1916 também tratou da arbitragem, prevendo que as pessoas capazes de contratar poderiam ter seus conflitos solucionados pelo método. Essa legislação estipulou, porém, que a sentença arbitral só podia ser executada depois da homologação pelo Judiciário. A mesma exigência foi feita pelo Código de Processo Civil nas edições de 1939 e de 1973 (esta, com um capítulo inteiro dedicado ao juízo arbitral).

Se a arbitragem estava prevista na lei, por que era pouco usada?

A legislação brasileira não reconhecia a obrigatoriedade do cumprimento da cláusula compromissória e permitia o questionamento da sentença arbitral

Até a edição da Lei de Arbitragem, em 1996, a legislação brasileira não dava segurança a quem usasse o procedimento arbitral. A cláusula compromissória, cujo cumprimento não era obrigatório, valia apenas como uma promessa. Isso significa que ela não tinha força vinculante – ou seja, se qualquer parte desistisse da arbitragem depois de surgido o conflito, o caso seguiria para o Judiciário.

Outro problema sério: as decisões arbitrais tinham de ser homologadas pelo Judiciário para ganhar força de sentença judicial e serem executadas na Justiça. Não bastasse isso, mesmo depois da homologação elas estavam sujeitas a recursos judiciais. Isso tornava a arbitragem pouco atrativa, pois o procedimento dificilmente escapava do mesmo trâmite do processo judicial.

FIQUE DE OLHO

- *A Lei de Arbitragem brasileira também é chamada "Lei Marco Maciel", pois foi o então senador pernambucano que apresentou o projeto de lei ao Congresso Nacional, em 1992.*

A LEI DE ARBITRAGEM BRASILEIRA
CONHEÇA AS INOVAÇÕES DA LEGISLAÇÃO

O que representou a sanção da Lei de Arbitragem brasileira?

A lei foi o primeiro passo para incentivar o uso da arbitragem no Brasil

A intensificação das relações comerciais entre os países foi um importante catalisador do processo de regulamentação da arbitragem no Brasil. A morosidade do Judiciário era apontada por instituições internacionais e empresas multinacionais como sério fator inibidor de investimentos. A tradição da arbitragem no comércio internacional serviu de exemplo para o País, que abria seus mercados na década de 1990. Foi dentro desse contexto que nasceu a Lei de Arbitragem, editada em 1996.

A edição da Lei de Arbitragem significou o rompimento das principais barreiras que dificultavam o uso do procedimento no Brasil. Primeiro, ela estabeleceu a obrigatoriedade de cumprimento da cláusula compromissória, dando segurança aos contratantes. De acordo com a lei, o conflito resultante de um contrato que tenha uma cláusula arbitral é necessariamente resolvido por arbitragem, e não no Judiciário.

A Lei de Arbitragem também trouxe os instrumentos necessários para garantir que as partes cumpram a cláusula arbitral. Ela determina que o Judiciário pode ser acionado para obrigar a parte relutante a participar da arbitragem se o conflito resultar de um contrato com cláusula compromissória. A lei diz, ainda, que o Judiciário deve extinguir qualquer processo judicial que envolva um contrato em relação ao qual exista uma convenção arbitral, para que o conflito seja decidido por arbitragem.

Outro ponto importante da lei é a força dada à sentença arbitral, que ganhou os mesmos efeitos da sentença judicial. A diferença é que a sentença arbitral não está sujeita a recursos e pode ser diretamente executada no Judiciário.

PRINCIPAIS INOVAÇÕES TRAZIDAS PELA LEI DE ARBITRAGEM

O artigo 7º da lei diz que "existindo cláusula compromissória e havendo resistência quanto à instituição da arbitragem, poderá a parte interessada requerer a citação da outra parte para comparecer em juízo a fim de lavrar-se o compromisso, designando o juiz audiência especial para tal fim".

O artigo 41 da lei modificou o artigo 267 do Código de Processo Civil (CPC), incluindo a convenção de arbitragem no rol das situações que causam a extinção do processo judicial sem julgamento de mérito.

O artigo 584 do CPC também foi modificado para incluir a sentença arbitral e a sentença homologatória de transação ou conciliação entre os títulos executivos judiciais.

Por que a Lei de Arbitragem demorou a pegar?

Porque foram necessários cinco anos para o Supremo Tribunal Federal reconhecer sua constitucionalidade

Menos de um mês depois da edição da Lei de Arbitragem, em 23 de setembro de 1996, o STF questionou sua constitucionalidade: o ministro Moreira Alves levantou a questão no julgamento de um recurso num processo de homologação de sentença estrangeira no Brasil (SE 5.206-7-AgR).

A ação de homologação foi apresentada em 1995 por uma empresa suíça, que pretendia ter reconhecido no Brasil um laudo arbitral proferido na Espanha. A parte contrária, uma empresa brasileira, não apresentou oposição ao pedido e já tomara as providências para cumprir o laudo, que tratava da remessa de *royalties* ao exterior. No entanto, o então presidente do STF, Sepúlveda Pertence, recusou a homologação. Seguindo a jurisprudência do tribunal, Pertence afirmou que o laudo precisaria de homologação pelo Judiciário espanhol para ser reconhecido no Brasil. A empresa suíça apresentou um recurso contra a decisão. Nesse meio tempo, a promulgação da Lei de Arbitragem extinguiu a exigência de homologação de laudo estrangeiro pelo Judiciário do país de origem.

O recurso foi então submetido à análise dos 11 ministros do STF. Durante o julgamento, Moreira Alves mencionou possíveis inconstitucionalidades na nova lei, e o tribunal decidiu avaliá-las. A decisão final veio somente em 12 de dezembro de 2001, mais de cinco anos após o começo do julgamento. A falta de posicionamento do STF sobre a Lei de Arbitragem, aliada ao fato de que o primeiro voto, de Sepúlveda Pertence, foi contrário à constitucionalidade, gerou insegurança quanto à arbitragem.

Além dos empecilhos legais para o desenvolvimento da arbitragem no Brasil, existem barreiras culturais para a adoção do método. A tradição de ver o Estado como única autoridade capaz de resolver litígios e o desconhecimento do mecanismo geram desconfiança na população.

A LEI DE ARBITRAGEM BRASILEIRA
CONHEÇA AS INOVAÇÕES DA LEGISLAÇÃO

Quais foram os questionamentos em relação à lei?

Alguns juristas argumentavam que a compulsoriedade da cláusula compromissória violaria o direito de acesso ao Poder Judiciário

O principal questionamento em relação à Lei de Arbitragem referia-se ao direito fundamental de livre acesso ao Judiciário previsto pela Constituição Federal. Alguns juristas argumentavam que a lei poderia ferir esse direito ao admitir que as partes, ao firmarem a cláusula compromissória, desistam de entrar com uma ação na Justiça antes mesmo de surgido o conflito.

Alguns ministros também questionavam o fato de a lei prever a possibilidade de o Judiciário compelir uma das partes a firmar o compromisso arbitral, caso ela se recuse a usar a arbitragem para solucionar um conflito resultante de um contrato com cláusula compromissória. Para eles, o juiz não poderia ser autorizado a substituir a vontade da parte de recorrer ao Judiciário e obrigá-la a participar da arbitragem.

A chamada indeterminação do objeto da cláusula compromissória era outro ponto controverso. Alguns juristas entendiam que as pessoas não poderiam abrir mão de discutir no Judiciário um conflito que ainda não surgiu e que, portanto, desconhecem.

Mais um aspecto questionado foi a equiparação da sentença arbitral à decisão judicial, assim como a força de título executivo judicial garantida à sentença arbitral. Para alguns ministros, essa previsão iria contra a jurisdição universal do Poder Judiciário.

> **LEGISLAÇÃO BÁSICA**
>
> *O artigo 5º da Constituição Federal, que trata dos direitos fundamentais do indivíduo, diz no inciso 35 que "a lei não excluirá da apreciação do Poder Judiciário lesão ou ameaça a direito".*

QUESTIONAMENTOS DO STF À LEI DE ARBITRAGEM

Artigo 6°, parágrafo único	"Não comparecendo a parte convocada ou, comparecendo, recusar-se a firmar o compromisso arbitral, poderá a outra parte propor a demanda de que trata o artigo 7° desta lei, perante o órgão do Poder Judiciário a que, originalmente, tocaria o julgamento da causa."
Artigo 7°, caput	"Existindo cláusula compromissória e havendo resistência quanto à instituição da arbitragem, poderá a parte interessada requerer a citação da outra parte para comparecer em juízo a fim de lavrar-se o compromisso, designando o juiz audiência especial para tal fim."
Artigo 31	"A sentença arbitral produz entre as partes e seus sucessores os mesmos efeitos da sentença proferida pelos órgãos do Poder Judiciário e, sendo condenatória, constitui título executivo."
Artigos 41 e 42	Modificam artigos do Código de Processo Civil para garantir a obrigatoriedade do cumprimento da convenção de arbitragem e incluir a sentença arbitral entre os títulos executivos judiciais.

Qual foi a decisão do STF sobre a constitucionalidade da lei?

O tribunal entendeu que a Lei de Arbitragem não contraria o direito de livre acesso ao Judiciário

Apesar de todos os ministros terem aprovado o recurso da empresa suíça, concordando com a homologação do laudo arbitral espanhol no Brasil, o questionamento sobre a constitucionalidade da Lei de Arbitragem gerou discordância. O ministro Sepúlveda Pertence, relator do recurso e primeiro a votar, concluiu que a Lei de Arbitragem dificultava o acesso ao Judiciário, contrariando a Constituição. Seu voto foi seguido pelos ministros Sydney Sanches, Néri da Silveira e Moreira Alves. Os outros sete ministros, porém, alegaram que o artigo 5°, inciso 35 da Constituição, trata de um direito (recorrer ao Judiciário), e não de um dever. As partes podem, portanto, renunciar a tal direito, desde que haja voluntariedade do acordo de uso da arbitragem.

A LEI DE ARBITRAGEM BRASILEIRA
CONHEÇA AS INOVAÇÕES DA LEGISLAÇÃO

O que diz a Justiça sobre cláusulas arbitrais anteriores à Lei nº 9.307?

A Terceira Turma do Superior Tribunal de Justiça entendeu que a lei não pode ser aplicada retroativamente

No único caso sobre retroatividade analisado até junho de 2004 pelo Superior Tribunal de Justiça (STJ), os ministros da Terceira Turma entenderam que a norma não se aplica a negócios feitos antes da vigência da Lei de Arbitragem. Portanto, a lei não exerceria efeito nos contratos celebrados antes de 22 de novembro de 1996, data em que entrou em vigor, 60 dias após a publicação.

STJ
Tribunal que dá a última palavra nas questões de direito que envolvam argumentos infraconstitucionais, ou seja, que não afetam a Constituição Federal.

A decisão ocorreu no julgamento de recurso por meio do qual uma empresa tentava impedir um antigo parceiro comercial de discutir no Judiciário possíveis ressarcimentos por danos causados pelo fim de um relacionamento comercial (Resp 238174). A empresa alegava que o contrato que gerou o conflito tinha uma cláusula compromissória e, portanto, não poderia ser levado ao Judiciário.

No entanto, a Terceira Turma do STJ entendeu, por maioria, que a cláusula arbitral assumida em contratos anteriores à vigência da Lei nº 9.307 correspondia a uma simples promessa de instauração da arbitragem, incapaz de impedir que as partes pleiteiem seus direitos no Judiciário. O argumento é que, ao assinar o contrato, as partes tinham em mente as regras então em vigor. O relator do processo, ministro Antônio de Pádua Ribeiro, afirmou em seu voto que o negócio jurídico já firmado não pode sofrer ingerência de lei posterior.

O QUE DIZ A LEI DE ARBITRAGEM

Disposições gerais sobre a arbitragem	• Discussão somente de direitos patrimoniais disponíveis. • Possibilidade de seguir regras de direito ou ser julgada por eqüidade. • Possibilidade de escolha da legislação aplicável. • Possibilidade de julgamento segundo usos e costumes e princípios gerais do direito.
Da convenção de arbitragem e seus efeitos	• Convenção de arbitragem obrigatória para indicar a vontade de usar a arbitragem. • A arbitragem pode ser institucional ou *ad hoc*. • A cláusula compromissória tem poder vinculante. • Na existência da cláusula compromissória, o Judiciário pode determinar a assinatura do compromisso em caso de relutância de uma das partes. • A ausência do réu não impede o prosseguimento da arbitragem.
Dos árbitros	• Podem ser qualquer pessoa capaz e que tenha a confiança das partes. • Sempre em número ímpar. • Não podem ter vínculos com as partes ou com o litígio. • Recurso ou homologação pelo Judiciário.
Do procedimento arbitral	• Feito segundo as regras estabelecidas na convenção de arbitragem. • Respeito aos princípios do contraditório, da igualdade das partes, da imparcialidade do árbitro e de seu livre convencimento. • A presença do advogado não é obrigatória. • O árbitro pode tomar o depoimento das partes, ouvir testemunhas e determinar a realização de perícias ou outras provas.
Da sentença arbitral	• Proferida no prazo estipulado pelas partes ou, se nada for convencionado sobre isso, em no máximo seis meses. • Sujeita a pedido das partes de esclarecimento ou correção até cinco dias depois da comunicação sobre o proferimento. • Produz os mesmos efeitos da sentença judicial e constitui título executivo. • Pode ser anulada pelo Judiciário em casos de problemas formais no procedimento. • A sentença arbitral estrangeira, para ser reconhecida no Brasil, está sujeita unicamente à homologação pelo STF.

A LEI DE ARBITRAGEM BRASILEIRA

A arbitragem ganha respaldo do Judiciário

Empresas que escolhem resolver conflitos por arbitragem e mudam de idéia não têm encontrado apoio da Justiça. Com o amadurecimento da Lei de Arbitragem e a decisão do Supremo Tribunal Federal (STF) sobre sua constitucionalidade, os tribunais brasileiros começaram a reconhecer a validade da cláusula compromissória. Isso quer dizer que, depois de feita a opção pela arbitragem no contrato, as partes contratantes não podem decidir levar o problema ao Judiciário.
A menos, é claro, que haja consenso entre elas.

O caso Americel

Esse entendimento foi confirmado em 2003 por uma célebre decisão da Terceira Turma do Superior Tribunal de Justiça (Resp 450.881-DF), em um processo que ficou conhecido como "caso Americel". O julgamento ganhou importância porque nele o STJ analisou, pela primeira vez após a edição da Lei de Arbitragem, a obrigatoriedade do cumprimento da cláusula compromissória.
Segundo matérias publicadas pelo jornal *Valor Econômico*, o caso tratava de uma ação proposta por oito representantes de telefonia celular contra a Americel, operadora de telefonia celular da região Centro-Oeste. As empresas tentavam iniciar um procedimento de arbitragem em que pediam uma indenização à Americel, alegando que a operadora teria descumprido o contrato de representação. Embora os contratos tivessem cláusula compromissória, a Americel se negou a comparecer a uma câmara de arbitragem do Distrito Federal, argumentando que o pedido dos representantes extrapolava as previsões contratuais. Diante da relutância da operadora em participar da arbitragem, as empresas entraram com uma ação na Justiça para obrigá-la a firmar o compromisso arbitral. O procedimento de arbitragem foi instaurado e julgado mesmo sem a presença da Americel, que também entrou com um processo para questionar o caso nos tribunais.
Os julgamentos de primeira e segunda instância foram favoráveis aos representantes da operadora, e posteriormente confirmados pela corte superior. Ao decidir o caso, a Terceira Turma do STJ afirmou que o assunto deveria ser

necessariamente resolvido por arbitragem, e não no Judiciário, já que os contratos discutidos tinham cláusulas compromissórias. Cinco ministros votaram no julgamento e decidiram por unanimidade.
A decisão representa um precedente importante sobre a obrigatoriedade da cláusula arbitral, que é uma condição necessária para garantir a segurança do uso da arbitragem no Brasil. Mesmo não tendo caráter vinculante, o entendimento do STJ tem servido de parâmetro para magistrados de primeira e segunda instância em seus julgamentos sobre o tema – assim como o julgamento do Supremo Tribunal Federal de 12 de dezembro de 2001 sobre a constitucionalidade da Lei de Arbitragem.

Amadurecimento da Justiça

O caso Americel é também uma demonstração de que a jurisprudência brasileira sobre arbitragem está amadurecendo. Nos primeiros anos que seguiram a edição da Lei nº 9.307/96, decisões de primeira e segunda instância ainda não eram unânimes no reconhecimento do caráter obrigatório da cláusula arbitral.
A Primeira Câmara do Segundo Tribunal de Alçada Civil de São Paulo, por exemplo, decidiu em 15 de dezembro de 1997 que a "simples cláusula compromissória não constitui a instituição do juízo arbitral, não impedindo os interessados de pleitear no juízo comum seu direito" (Apelação com revisão 479.936). De forma semelhante, a Terceira Câmara do Tribunal de Alçada de Minas Gerais afirmou, em 24 de fevereiro de 1999, que "a simples existência de cláusula compromissória não representa obstáculo para o acesso ao Poder Judiciário" (Apelação 0262252-4). Entendimentos como esses – emitidos numa época em que o STF ainda não havia reconhecido a constitucionalidade da Lei de Arbitragem – constituíram sérios entraves para o desenvolvimento da arbitragem no País, gerando insegurança a respeito do procedimento e das previsões da lei. Também naquele período, contudo, já existiam decisões em sentido contrário. Tome-se como exemplo uma decisão do Tribunal de Justiça do Distrito Federal, de 25 de outubro de 1999, segundo a qual "havendo convenção das partes para solução dos eventuais conflitos através da arbitragem, e em sendo as mesmas capazes e o direito disponível, exclui-se a participação do Poder Judiciário na solução de qualquer controvérsia" (Agravo de instrumento, acórdão nº 121025).

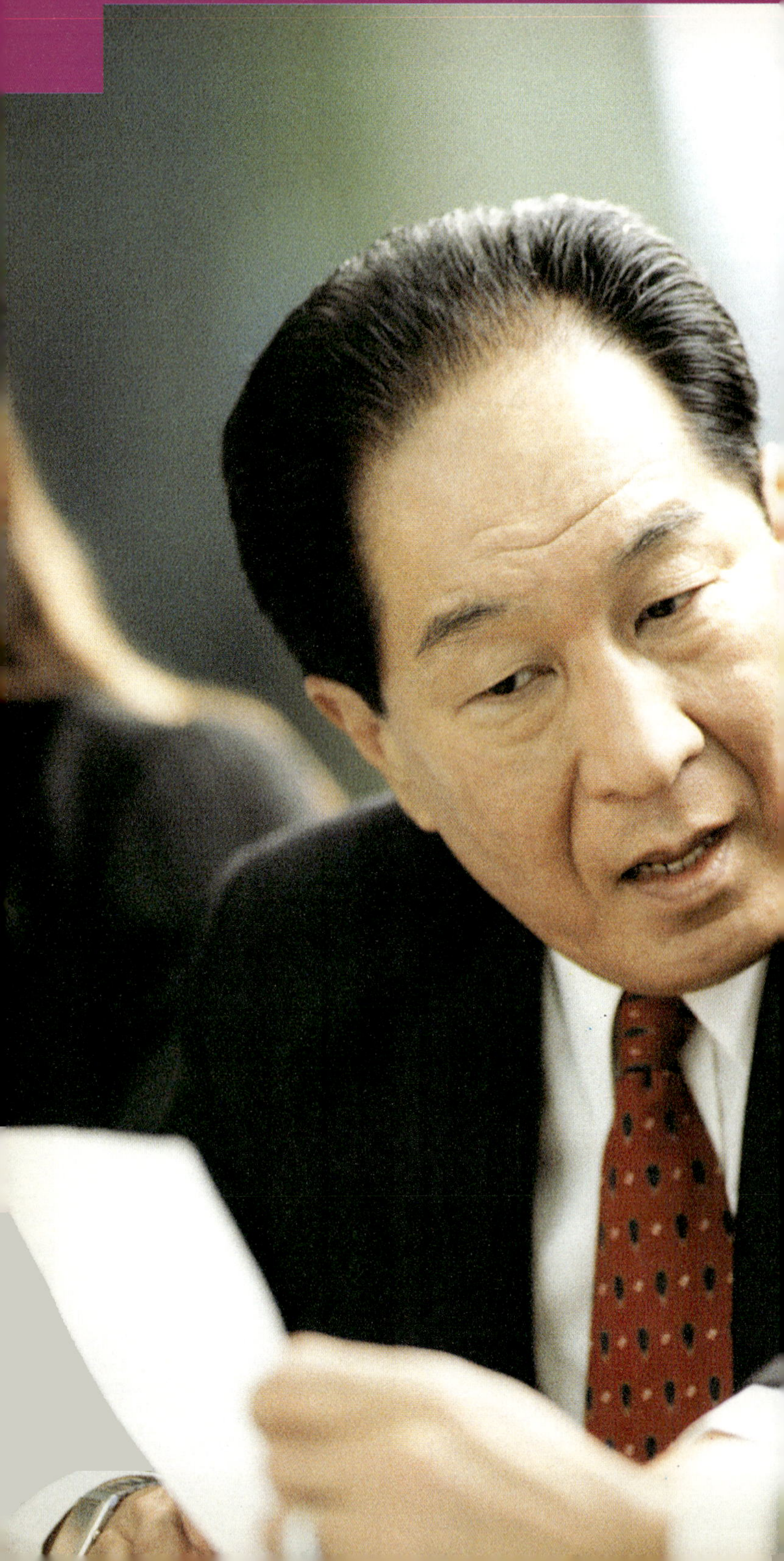

A ARBITRAGEM NO COMÉRCIO INTERNACIONAL

POR QUE O PROCEDIMENTO É O PREFERIDO DAS EMPRESAS

Ao optar pela arbitragem, os contratantes estrangeiros evitam ações judiciais em diferentes países

A ARBITRAGEM NO COMÉRCIO INTERNACIONAL
POR QUE O PROCEDIMENTO É O PREFERIDO DAS EMPRESAS

Como funciona a arbitragem nos contratos internacionais?

A arbitragem é o método mais usado pelas empresas que atuam no comércio exterior

A maior previsibilidade na condução do processo é um dos fatores que tornam a arbitragem o método favorito das empresas para solucionar conflitos no comércio internacional. Advogados que atuam na área estimam que pelo menos 90% dos contratos internacionais prevêem o uso da arbitragem para resolver eventuais controvérsias.

O que é mais fácil para uma empresa com negócios em diversos países: enfrentar ações judiciais em cada lugar onde tenha contratos, lidando com diferentes legislações e normas processuais, ou participar de arbitragens em que a lei do contrato, as regras e o local do procedimento são escolhidos de antemão?

Ao optar pela arbitragem, os contratantes evitam ações em cortes judiciais de distintos países, as quais, conforme o caso, podem ser lentas ou ineficientes. Eles evitam também a sujeição a regras processuais e leis internas que podem desconhecer. Na arbitragem, os contratantes elegem regulamentos conhecidos, mais simples e concisos, ajustando-os se necessário, e indicam a lei aplicável para a solução do problema.

Outras vantagens consistem na possibilidade de escolha do idioma em que o procedimento será realizado, do local das audiências e do proferimento da sentença, além da eleição dos árbitros e de câmaras de arbitragem conhecidas (ou o estabelecimento de regras próprias no procedimento *ad hoc*). Os aspectos favoráveis incluem também a rapidez no proferimento da decisão arbitral e a maior flexibilidade dos prazos.

O que é arbitragem internacional?

A arbitragem internacional pode ser feita no exterior, envolver participantes de países distintos ou tratar da circulação de bens pelas fronteiras

Há três formas de caracterizar a arbitragem: internacional, nacional ou doméstica e estrangeira. Utilizam-se critérios distintos para definir o procedimento, de acordo com diferentes correntes jurídicas e legislações locais.

Alguns juristas consideram uma arbitragem "internacional" quando os participantes são de países diferentes ou quando o conflito se desenvolve no território de mais de uma nação. Para outros, o procedimento é internacional quando trata da circulação de bens, serviços ou capitais através de fronteiras ou simplesmente quando envolve comércio internacional. Nesse caso, a finalidade do contrato define a classificação, mesmo que os participantes sejam todos brasileiros.

Conceitos de arbitragem internacional também estão disponíveis em tratados internacionais, como o Acordo sobre Arbitragem Comercial Internacional do Mercosul, e na Lei-modelo da Uncitral sobre Arbitragem Comercial Internacional.

Por sua vez, a arbitragem doméstica é aquela realizada em território nacional, seguindo o processo estabelecido pela Lei de Arbitragem brasileira e que tenha a sentença proferida no País. Como a Lei de Arbitragem brasileira não regula a arbitragem internacional, pode-se considerar o procedimento "doméstico" se tiver partes brasileiras ou estrangeiras, desde que ocorra no Brasil e tenha a sentença emitida no País.

Por último, a arbitragem estrangeira é aquela realizada no exterior e com sentença arbitral proferida fora do Brasil.

Ao contrário da lei brasileira, a legislação de alguns países, como França e Portugal, classifica e regula a arbitragem internacional. A Espanha também passou a tratar da matéria com uma nova lei de arbitragem aprovada em dezembro de 2003. As leis desses países criam uma dicotomia entre arbitragem doméstica e internacional, estabelecendo normas específicas para o procedimento ocorrido em seu território, mas que trate de matéria internacional. O sistema jurídico da arbitragem nesses países é denominado "dualista". Já o sistema brasileiro tem a classificação de "monista", por não diferenciar os dois tipos de procedimento.

Lei-modelo
A Comissão das Nações Unidas sobre Direito Comercial Internacional (Uncitral) publicou uma lei-modelo em 1985 para harmonizar a legislação de arbitragem de diversos países e garantir o bom funcionamento desse método no âmbito internacional.

A ARBITRAGEM NO COMÉRCIO INTERNACIONAL
POR QUE O PROCEDIMENTO É O PREFERIDO DAS EMPRESAS

O que são sentenças arbitrais estrangeiras?

Segundo a lei brasileira, trata-se de decisões arbitrais proferidas fora do território nacional

No Brasil, a classificação da sentença arbitral como nacional ou estrangeira segue critérios meramente geográficos. A Lei de Arbitragem define que as sentenças arbitrais estrangeiras são aquelas proferidas fora do território nacional, não importando se o procedimento arbitral tenha se desenvolvido no País ou no exterior.

Assim, mesmo que uma arbitragem tenha se realizado no Brasil usando somente leis brasileiras, a sentença é considerada estrangeira se proferida fora do País.

A sentença arbitral proferida em território brasileiro, por outro lado, sempre é considerada nacional – ainda que os árbitros analisem leis de comércio internacional e mesmo que o procedimento envolva ordenamentos jurídicos variados ou seja realizado fora do Brasil.

Essa classificação difere de acordo com os países. Algumas legislações estrangeiras também levam em conta fatores como o lugar da realização da arbitragem ou a lei que rege o procedimento para determinar a nacionalidade da sentença.

Qual a importância da nacionalidade da sentença?

O lugar onde a sentença é proferida tem peso fundamental na definição das regras processuais a serem seguidas

Você pode se perguntar: por que me preocupar com a nacionalidade da sentença arbitral se o que importa é a decisão? Na verdade, a indicação do local de proferimento da sentença arbitral é muito importante. A legislação do país em que o laudo é emitido determina as regras a serem observadas no procedimento, tanto durante como depois do julgamento do árbitro, inclusive a execução da sentença arbitral. Vale observar a lei processual do país onde a sentença é proferida. Legislações que permitem o questionamento judicial da cláusula de arbitragem ou da sentença arbitral em situações amplas, ou que não dão força executiva à decisão arbitral, podem trazer transtornos para o processo e dificultar o cumprimento do laudo. Situações como essa estão se tornando mais raras com a adesão crescente dos países aos tratados internacionais de arbitragem. O local de proferimento da sentença tem relevância, ainda, porque define qual o Judiciário competente para julgar possíveis ações de nulidade do laudo arbitral.

O local de proferimento da sentença arbitral deve ser mencionado em dois momentos da arbitragem, segundo a lei brasileira: primeiro, no compromisso arbitral; depois, na própria sentença arbitral. Especialistas recomendam, no entanto, que o local seja definido antes mesmo do surgimento da controvérsia, para evitar novas discussões em períodos de conflito. Isso é feito na cláusula compromissória do contrato, constituindo um dos elementos da chamada cláusula arbitral cheia.

A ARBITRAGEM NO COMÉRCIO INTERNACIONAL
POR QUE O PROCEDIMENTO É O PREFERIDO DAS EMPRESAS

A sentença proferida no exterior tem validade no Brasil?

Para que tenha validade interna, a sentença estrangeira tem de ser antes homologada pelo Supremo Tribunal Federal

A Lei de Arbitragem facilitou o reconhecimento das sentenças arbitrais estrangeiras no Brasil a partir de 1996, acabando com a necessidade de dupla homologação. Mas foi a ratificação pelo Brasil da Convenção de Nova York, em 2002, que transmitiu maior segurança jurídica para a comunidade internacional. O acordo trata do reconhecimento e da execução de sentenças arbitrais estrangeiras.

Para ser reconhecida ou executada no Brasil, a sentença arbitral estrangeira tem de ser primeiro homologada pelo STF. A homologação única pelo STF foi uma inovação importante da Lei de Arbitragem. Antes de sua edição em 1996, as sentenças estrangeiras estavam sujeitas à dupla homologação: primeiro, pelo Judiciário do país onde a sentença havia sido proferida e, depois, pelo STF.

O motivo da antiga exigência era que a Justiça brasileira não reconhecia a eficácia das decisões proferidas por entidades privadas. Por isso, o STF só homologava sentenças arbitrais estrangeiras que tivessem a chancela da Justiça estatal do país de origem – o que as tornava semelhantes a uma sentença judicial. Situação similar ocorria com as arbitragens domésticas, que precisavam de homologação prévia pelo Judiciário brasileiro antes de serem executadas.

A sentença proferida no Brasil tem validade no exterior?

A ratificação pelo Brasil da Convenção de Nova York trouxe maior segurança para o uso de sentenças domésticas em procedimentos internacionais

As sentenças arbitrais proferidas no Brasil sempre puderam ser reconhecidas e cumpridas no exterior, dependendo somente do processo de internalização de sentenças estrangeiras vigente em cada país.

No entanto, foi somente a partir da ratificação da Convenção sobre o Reconhecimento e a Execução de Sentenças Arbitrais Estrangeiras (Convenção de Nova York) pelo Brasil, no ano de 2002, que se conferiu maior segurança ao uso de arbitragens internacionais em território doméstico.

Existem países cujas legislações locais estabelecem formas mais rígidas para o reconhecimento de sentenças arbitrais estrangeiras. Em contrapartida, essas mesmas leis facilitam o processo de reconhecimento quando a sentença vem de uma nação em que vigora a Convenção de Nova York.

A ratificação do acordo pelo Brasil, nesse sentido, garantiu aos participantes de procedimentos arbitrais internacionais a segurança de que as sentenças brasileiras seriam reconhecidas no exterior sem restrições.

As sentenças brasileiras – assim como aquelas proferidas por qualquer outro país – só perdem eficácia em outro território no caso de a legislação interna nacional não reconhecer a validade da arbitragem num caso específico, por motivos justificados e previstos na Convenção de Nova York.

A ARBITRAGEM NO COMÉRCIO INTERNACIONAL
POR QUE O PROCEDIMENTO É O PREFERIDO DAS EMPRESAS

Como funciona a homologação de uma sentença estrangeira no Brasil?

A sentença arbitral estrangeira, traduzida e autenticada, é submetida a uma análise formal pelo Supremo Tribunal Federal

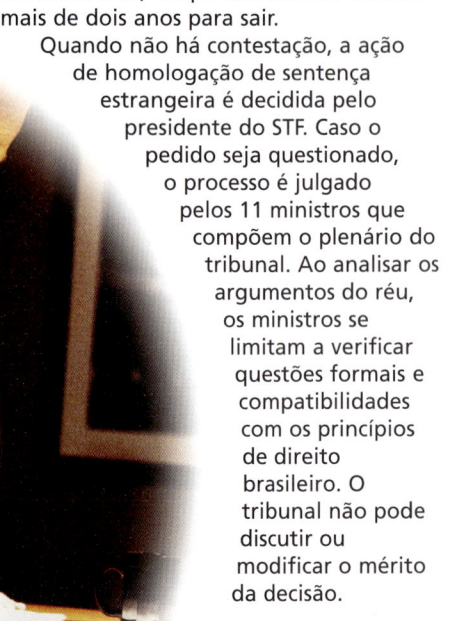

A parte interessada em homologar uma sentença arbitral estrangeira deve entrar com uma ação de homologação e reconhecimento no STF. Devem ser anexadas ao pedido a própria sentença arbitral – traduzida oficialmente para o português e autenticada pelo cônsul brasileiro do país onde foi proferida – e uma cópia da convenção de arbitragem.

O STF analisa se os requisitos formais da sentença estão de acordo com a legislação brasileira e, então, faz a citação da parte contrária, que tem 15 dias para contestar o pedido de homologação. A decisão sobre a homologação da sentença estrangeira pode demorar de seis meses a um ano, se não houver contestação. Quando há questionamento, ela provavelmente demora mais de dois anos para sair.

Quando não há contestação, a ação de homologação de sentença estrangeira é decidida pelo presidente do STF. Caso o pedido seja questionado, o processo é julgado pelos 11 ministros que compõem o plenário do tribunal. Ao analisar os argumentos do réu, os ministros se limitam a verificar questões formais e compatibilidades com os princípios de direito brasileiro. O tribunal não pode discutir ou modificar o mérito da decisão.

QUANDO O STF PODE NEGAR A HOMOLOGAÇÃO DE UMA SENTENÇA ARBITRAL ESTRANGEIRA

Quando o réu demonstrar que:

- As partes que assinaram a convenção de arbitragem eram incapazes.

- A convenção de arbitragem não era válida segundo a lei a que as partes se submeteram no procedimento arbitral (ou, na ausência de indicação da lei, segundo a legislação do país onde a sentença arbitral foi proferida).

- O réu não foi notificado do procedimento ou da designação do árbitro.

- Não foi seguido o princípio do contraditório, que garante a defesa do réu.

- A sentença arbitral ultrapassou os limites da convenção de arbitragem.

- A instituição do procedimento não esteve de acordo com a convenção de arbitragem.

- A sentença arbitral ainda não se tornou obrigatória para as partes.

- A sentença arbitral foi anulada ou suspensa pelo Judiciário do país onde foi proferida.

Ou quando o STF constatar que:

- O objeto do litígio não pode ser resolvido por arbitragem segundo a lei brasileira.

- A decisão contraria a ordem pública nacional (normas consideradas de interesse da coletividade).

A ARBITRAGEM NO COMÉRCIO INTERNACIONAL
POR QUE O PROCEDIMENTO É O PREFERIDO DAS EMPRESAS

É possível anular uma sentença arbitral proferida fora do Brasil?

Apenas o Judiciário do país onde a sentença arbitral é proferida pode considerar a decisão nula

O Judiciário brasileiro só pode considerar nulas as sentenças arbitrais proferidas dentro do Brasil. Isso ocorre porque o procedimento de arbitragem segue as regras processuais do país onde é realizado, e a Justiça brasileira não pode interferir nas normas de outro Estado. Precedentes judiciais confirmam esse entendimento. A 5ª Câmara de Direito Privado do Tribunal de Justiça de São Paulo, por exemplo, decidiu que não era competente para suspender um procedimento arbitral realizado em Nova York (AI 285.411-4/0). Apesar disso, se uma decisão arbitral proferida em outro país tiver de ser cumprida no Brasil e ferir a legislação brasileira, o STF pode negar seu reconhecimento e homologação. Trata-se da única forma de interferência cabível do Judiciário brasileiro numa decisão arbitral proferida em país estrangeiro.

CÂMARAS DE ARBITRAGEM NO BRASIL QUE ATUAM NO COMÉRCIO INTERNACIONAL

Câmara de Arbitragem Empresarial – Brasil (Camarb)	www.camarb.com.br
Câmara de Mediação e Arbitragem das Eurocâmaras	www.ccfb.com.br/camara_arbitragem/interna.asp
Câmara de Mediação e Arbitragem de São Paulo/Fiesp	www.camaradearbitragemsp.org.br
Centro de Arbitragem da Câmara Americana de Comércio (Amcham)	www.amcham.com.br/arbitragem/centro_arbitragem_html
Centro de Arbitragem e Mediação da Câmara de Comércio Brasil-Canadá	www.ccbc.org.br/arbitragem.asp
Centro de Conciliação e Arbitragem da Câmara de Comércio Argentino-Brasileira de São Paulo	www.camarbra.com.br/concilia&arb.htm

Que cuidados devem ser tomados no uso da arbitragem internacional?

Analise as regras previstas e os custos do procedimento antes de surgir o conflito

Em alguns casos, a arbitragem com sede no exterior é desejável. Em outros, pode não valer a pena. Taxas e emolumentos caros e em moedas valorizadas, assim como honorários altos para árbitros e advogados, podem inviabilizar o procedimento. Portanto, antes de assinar uma cláusula compromissória, verifique cuidadosamente todos os fatores que estão em jogo na arbitragem.

As taxas cobradas pela câmara sugerida, os honorários dos árbitros e a língua prevista para o procedimento são alguns exemplos. Outro fator importante: a lei processual do país onde ocorrerá a arbitragem. Algumas legislações admitem medidas judiciais que atrasam o processo e demandam a contratação de advogados locais. A lei indicada para a solução do conflito também merece análise, para que o contratante esteja ciente das medidas previstas para situações como a falta de cumprimento das obrigações e a estipulação de multas.

Outro ponto digno de atenção está na forma de indicação de árbitros. Determinados países não admitem árbitros estrangeiros, e o regulamento da instituição arbitral eleita pode restringir a possibilidade de escolha dos árbitros àqueles que integram a lista da entidade.

As normas locais de execução da sentença arbitral requerem avaliação cuidadosa, assim como a situação do país quanto à ratificação de convenções internacionais sobre arbitragem. O Judiciário do país que sedia a arbitragem é competente para intervir no procedimento nos casos permitidos pela lei local.

O cuidado na redação da cláusula arbitral é a melhor forma de evitar problemas com o uso da arbitragem internacional. Para empresas familiarizadas com o procedimento, talvez valha a pena considerar a hipótese da arbitragem ad hoc. Se for uma opção viável, os responsáveis pela negociação de contratos internacionais podem sugerir que a arbitragem tenha sede no Brasil, uma vez que a lei brasileira garante flexibilidade às partes e possibilita a escolha da lei aplicável. Além de o País ser signatário das principais convenções internacionais sobre arbitragem, os custos do processo aqui geralmente revelam-se atraentes.

A ARBITRAGEM NO COMÉRCIO INTERNACIONAL
POR QUE O PROCEDIMENTO É O PREFERIDO DAS EMPRESAS

O Judiciário admite leis estrangeiras em contratos feitos no Brasil?

Decisões judiciais já reconheceram essa possibilidade, mas as cortes superiores ainda não se manifestaram sobre o assunto

A obrigatoriedade da aplicação do artigo 9º da Lei de Introdução ao Código Civil é refutada por um raciocínio simples. Por essa lei, para assegurar o uso de uma legislação estrangeira, bastaria aos contratantes se deslocarem para outro país na hora de assinar o contrato. Se as partes têm a liberdade de se deslocar no intuito de usar uma lei estrangeira, por que impedi-las de simplesmente optar por uma legislação sem precisarem se locomover?

A possibilidade de contratos internacionais assinados no Brasil usarem leis estrangeiras foi prevista em 1996 pela Lei de Arbitragem, mas gerou controvérsia entre juristas. Alguns argumentam que a prática contraria a Lei de Introdução ao Código Civil, de 1942, que diz que a lei aplicável ao contrato é a do local de sua assinatura. A obrigatoriedade do cumprimento dessa previsão deflagrou 60 anos de debates, mas decisões judiciais recentes começaram a reconhecer a liberdade de escolha da lei aplicada nos contratos.
Um exemplo é uma decisão da 7ª Câmara do Primeiro Tribunal de Alçada Civil de São Paulo, de setembro de 2002, que entendeu que a Lei de Introdução ao Código Civil só deve ser aplicada quando há omissão ou controvérsia no contrato a respeito do direito aplicável (AI 1.111.650-0).
Em decisão semelhante, de dezembro de 2003, a 12ª Câmara do mesmo tribunal afirmou que o direito brasileiro admite a autonomia da vontade no que diz respeito à lei aplicável aos contratos. Essas decisões, embora importantes, não configuram precedentes definitivos – os tribunais superiores ainda precisam apreciar a matéria. A possibilidade de escolha de normas estrangeiras em contratos assinados no Brasil não tem a intenção de contrariar o direito nacional e subentende a existência de motivos e operações legítimos. O objetivo é autorizar o uso de normas mais sofisticadas que geralmente vêm de países onde a atividade está mais desenvolvida.

LEGISLAÇÃO BÁSICA

O artigo 2º, inciso 1, da Lei de Arbitragem diz: "Poderão as partes escolher, livremente, as regras de direito que serão aplicadas na arbitragem, desde que não haja violação aos bons costumes e à ordem pública". Já o artigo 9º da Lei de Introdução ao Código Civil estipula: "para qualificar e reger as obrigações, aplicar-se-á a lei do país em que se constituírem".

O que significa *lex mercatoria*?

São os usos e costumes praticados no comércio internacional

Além de admitir o uso de leis estrangeiras nos contratos assinados no Brasil, a Lei de Arbitragem prevê que os contratantes podem determinar que a arbitragem seja feita com base nos princípios gerais de direito, nos usos e costumes e nas regras internacionais de comércio que constituem a chamada *lex mercatoria*. O termo remete ao sistema regulatório seguido pelos comerciantes no fim da Idade Média e no Renascimento, que deu origem ao Direito Comercial moderno.
Um exemplo de *lex mercatoria* são as normas estabelecidas pela Câmara de Comércio Internacional (CCI), como os Termos de Comércio Internacional (Incoterms, na sigla em inglês). Trata-se de definições-padrão no comércio internacional, usadas para facilitar a negociação entre um vendedor e um comprador de bens ou serviços de países diferentes.
As normas utilizadas no comércio de *commodities*, como produtos agrícolas e matérias-primas em geral, também seguem usos e costumes do direito internacional.

LEGISLAÇÃO BÁSICA

O artigo 2º, parágrafo 2º, da Lei de Arbitragem diz que "poderão, também, as partes convencionar que a arbitragem se realize com base nos princípios gerais de direito, nos usos e costumes e nas regras internacionais de comércio".

A ARBITRAGEM NO COMÉRCIO INTERNACIONAL
POR QUE O PROCEDIMENTO É O PREFERIDO DAS EMPRESAS

Quais os principais tratados de arbitragem assinados pelo Brasil?

O Brasil assinou uma série de tratados internacionais sobre o tema desde o começo do século XX

No Brasil, o ato de ratificação de tratados e convenções internacionais envolve a internalização do acordo ao ordenamento jurídico nacional. Isso começa com a aprovação de um Decreto Legislativo pela Câmara dos Deputados e pelo Senado. Editado o Decreto Legislativo, o Presidente da República baixa um decreto promulgando o tratado ou convenção, com eventuais reservas, tornando-os exigíveis no País.

FIQUE DE OLHO

- As vigências interna e externa de uma convenção internacional ocorrem em momentos distintos. A vigência interna se dá quando o Presidente da República promulga o decreto e o publica no Diário Oficial. A vigência externa ocorre quando o País deposita o instrumento de ratificação no organismo internacional ou país depositário.

Os tratados internacionais de arbitragem são o instrumento pelo qual os países se comprometem a aplicar normas uniformes para o procedimento arbitral. O Brasil ratificou uma série de tratados sobre arbitragem tanto antes como depois da edição da Lei de Arbitragem.

Entre os tratados mais importantes ratificados antes da promulgação dessa lei estão o Protocolo Relativo a Cláusulas de Arbitragem, firmado em Genebra, em 1923, e adotado pelo Brasil em 1932, e o Código de Direito Internacional Privado – um acordo amplo sobre direito internacional civil, comercial, penal e processual conhecido como Código de Bustamante –, assinado em Havana, em 1928. Enquanto o primeiro tratava da validade da convenção de arbitragem, o segundo abordava num de seus artigos o reconhecimento de sentenças arbitrais entre os países signatários e sua execução.

Os quatro principais tratados ratificados pelo Brasil após a edição da Lei de Arbitragem são a Convenção Interamericana de Arbitragem Comercial Internacional, a Convenção Interamericana sobre Eficácia Extraterritorial de Sentenças e Laudos Arbitrais Estrangeiros, a Convenção sobre Reconhecimento e Execução de Sentenças Arbitrais Estrangeiras e o Acordo sobre Arbitragem Comercial Internacional do Mercosul.

O que são o Protocolo e a Convenção de Genebra?

Primeiros tratados mundiais sobre arbitragem, ambos contemplaram o uso do procedimento para contratos internacionais e o reconhecimento de sentenças arbitrais estrangeiras entre os países signatários

O **Protocolo Relativo a** Cláusulas de Arbitragem, firmado em 24 de setembro de 1923, em Genebra, visava à difusão do uso da arbitragem e estabeleceu que os países signatários reconheceriam a validade da cláusula e do compromisso arbitral em contratos internacionais. Segundo o protocolo, o processo arbitral seria regulado pela vontade dos contratantes e pela lei do país onde a arbitragem se realizasse. Assinado por 33 países, o documento também comprometia os signatários a garantir a execução das sentenças arbitrais proferidas em seus respectivos territórios.

A Convenção sobre a Execução de Sentenças Arbitrais Estrangeiras, firmada em 26 de dezembro de 1927, estendeu os conceitos previstos no Protocolo de Genebra, determinando que as sentenças arbitrais proferidas pelos países signatários fossem reconhecidas de forma recíproca, sendo executadas segundo as regras de cada país. Mais tarde, o protocolo e a convenção de Genebra perderam a eficácia para os países signatários da Convenção de Nova York.

FIQUE DE OLHO

- *O Protocolo de Genebra foi incorporado pelo Brasil em 1932, pelo Decreto nº 21.187, de 22 de março de 1932, com a ressalva de ser aplicado somente para assuntos comerciais. Perdeu a eficácia em 2002, quando o País ratificou a Convenção de Nova York. A Convenção de Genebra, por sua vez, nunca teve a adesão brasileira.*

A ARBITRAGEM NO COMÉRCIO INTERNACIONAL
POR QUE O PROCEDIMENTO É O PREFERIDO DAS EMPRESAS

O que é a Convenção de Nova York?

É o mais importante tratado internacional sobre arbitragem, que dispõe sobre o reconhecimento e a execução de sentenças arbitrais entre os países signatários

A Convenção de Nova York está atualmente em vigor em 134 Estados, 27 deles do hemisfério ocidental. A convenção serviu de modelo para reformas em legislações arbitrais de diversos países e para a própria Lei de Arbitragem brasileira, de 1996.

A Convenção sobre o Reconhecimento e a Execução de Sentenças Arbitrais Estrangeiras, a Convenção de Nova York, é um acordo sobre arbitragem internacional firmado em 10 de junho de 1958 no âmbito da Organização das Nações Unidas (ONU). Ela substituiu o Protocolo e a Convenção de Genebra, que já não atendiam às necessidades do comércio internacional do pós-guerra. O Brasil ratificou a convenção em 2002, dando um grande passo para o desenvolvimento da arbitragem internacional no País ao garantir que sentenças arbitrais proferidas aqui sejam reconhecidas no exterior e vice-versa. O valor do tratado é, portanto, a previsão de que as decisões arbitrais proferidas em países signatários sejam executadas sem restrições em outros Estados. A Convenção de Nova York também trouxe agilidade ao procedimento arbitral, ao acabar com a necessidade de homologação de laudos de arbitragem pelo Judiciário do país onde foram proferidos.
Outro aspecto importante é a previsão de que o Judiciário de um país signatário deve abster-se de analisar o processo judicial que trate de uma matéria em relação à qual existe uma convenção de arbitragem. A Convenção de Nova York também prevê a inversão do ônus da prova nos casos de reconhecimento e execução de sentenças estrangeiras. Isso significa que o réu, e não o autor do pedido da homologação ou execução, deve provar eventuais argumentos de nulidade ou invalidade da sentença arbitral.

FIQUE DE OLHO

- *A Convenção de Nova York foi aprovada pelo Congresso brasileiro em 25 de abril de 2002, pelo Decreto Legislativo 52, e o depósito do instrumento de adesão na ONU aconteceu em 7 de junho de 2002. Internamente, o Presidente da República promulgou a convenção por meio do Decreto nº 4.311, de 23 de julho de 2002.*

PAÍSES AMERICANOS QUE RATIFICARAM A CONVENÇÃO DE NOVA YORK

País	Assinatura	Ratificação	Entrada em vigor
Antígua e Barbuda		2/2/1989	3/5/1989
Argentina	26/8/1958	14/3/1989	12/6/1989
Barbados		16/3/1993	14/6/1993
Bolívia		28/4/1995	27/7/1995
Brasil		7/6/2002	5/9/2002
Chile		4/9/1975	3/12/1975
Colômbia		25/9/1979	24/12/1979
Costa Rica	10/6/1958	26/10/1987	24/1/1988
Cuba		30/12/1974	30/3/1975
Dominica		28/10/1988	26/1/1989
El Salvador	10/6/1958	26/2/1998	27/5/1998
Equador	17/12/1958	3/1/1962	3/4/1962
Estados Unidos		30/9/1970	29/12/1970
Guatemala		21/3/1984	19/6/1984
Haiti		5/12/1983	4/3/1984
Honduras		3/10/2000	1/1/2001
Jamaica		10/7/2002	8/10/2002
México		14/4/1971	13/7/1971
Nicarágua		24/9/2003	23/12/2003
Panamá		10/10/1984	8/1/1985
Paraguai		8/10/1997	6/1/1998
Peru		7/7/1988	5/10/1988
República Dominicana		11/4/2002	10/7/2002
São Vicente e Granadinas		12/9/2000	11/12/2000
Trinidad e Tobago		14/2/1966	15/5/1966
Uruguai		30/3/1983	28/6/1983
Venezuela		8/2/1995	9/5/1995

Fonte: Organização das Nações Unidas. Dados atualizados até junho de 2004. Convention on the Recognition and Enforcement of Foreign Arbitral Awards (New York, 1958) – http://www.uncitral.org/english/status/status-e.htm.

A ARBITRAGEM NO COMÉRCIO INTERNACIONAL
POR QUE O PROCEDIMENTO É O PREFERIDO DAS EMPRESAS

O que é a Convenção do Panamá?

É um tratado de arbitragem comercial firmado no âmbito da Organização dos Estados Americanos para uniformizar o procedimento nos países membros

A Convenção Interamericana sobre Arbitragem Comercial Internacional, mais conhecida como Convenção do Panamá, foi assinada em 30 de janeiro de 1975, na cidade do Panamá. Um de seus méritos consistiu na criação do primeiro regulamento uniforme para a resolução de controvérsias nos países americanos.

A Convenção do Panamá tem previsões mais amplas do que a de Nova York, pois inclui regras para o procedimento arbitral não abordadas pela diretriz anterior. Prevê, por exemplo, que os contratantes estipulem a forma de nomeação dos árbitros e que estes podem ser nativos ou estrangeiros. Um dos pontos mais importantes é a previsão de que, na falta de acordo sobre as normas da arbitragem, o procedimento se dará conforme as regras da Comissão Interamericana de Arbitragem Comercial (CIAC).

A Convenção do Panamá também definiu que a execução e o reconhecimento da sentença arbitral estrangeira são feitos segundo as leis do país onde for apresentado o pedido, sem que haja a necessidade de homologação da decisão pelo Judiciário do país onde ela foi proferida. Assim como a Convenção de Nova York, o tratado prevê a inversão do ônus da prova.

O reconhecimento da eficácia da cláusula arbitral pelos países signatários foi uma contribuição importante da Convenção do Panamá. Na época de sua assinatura, muitos países da América Latina ou não reconheciam a validade da cláusula arbitral ou a consideravam uma simples promessa de uso da arbitragem – portanto, de cumprimento facultativo. Esse fator constituía um empecilho para o desenvolvimento da arbitragem na região. Em junho de 2004, a convenção vigorava em 18 países. O Brasil assinou a convenção em 1975, mas promulgou o texto apenas em 9 de maio de 1996, com o Decreto nº 1.902.

CIAC
Instituição internacional que tem o objetivo de implementar e manter um sistema ibero-americano de métodos alternativos de solução de conflitos comerciais, por meio da arbitragem ou da conciliação.

PAÍSES QUE RATIFICARAM A CONVENÇÃO DO PANAMÁ

País	Assinatura	Ratificação	Depósito do instrumento
Argentina	15/3/1991	3/11/1994	5/1/1995
Bolívia	2/8/1983	8/10/1998	29/4/1999
Brasil	30/1/1975	31/8/1995	27/11/1995
Chile	30/1/1975	8/4/1976	17/5/1976
Colômbia	30/1/1975	18/11/1986	29/12/1986
Costa Rica	30/1/1975	2/1/1978	20/1/1978
El Salvador	30/1/1975	27/6/1980	11/8/1980
Equador	30/1/1975	6/8/1991	23/10/1991
Estados Unidos (com reservas)	9/6/1978	10/11/1986	27/9/1990
Guatemala	30/1/1975	7/7/1986	20/8/1986
Honduras	30/1/1975	8/1/1979	22/3/1979
México	27/10/1977	15/2/1978	27/3/1978
Nicarágua	30/1/1975	15/7/2003	2/10/2003
Panamá	30/1/1975	11/11/1975	17/12/1975
Paraguai	26/8/1975	2/12/1976	15/12/1976
Peru	21/4/1988	2/5/1989	22/5/1989
Uruguai	30/1/1975	29/3/1977	25/4/1977
Venezuela	30/1/1975	22/3/1985	16/5/1985

Fonte: Organização dos Estados Americanos. Dados atualizados até junho de 2004. A República Dominicana assinou a Convenção do Panamá em 18/4/77, mas ainda não a ratificou – http://www.oas.org/juridico/english/sigs/b-35.html.

A ARBITRAGEM NO COMÉRCIO INTERNACIONAL
POR QUE O PROCEDIMENTO É O PREFERIDO DAS EMPRESAS

O que é a Convenção de Montevidéu?

O tratado, assinado no âmbito da Organização dos Estados Americanos, aborda a eficácia das sentenças judiciais e arbitrais entre os países signatários

A Convenção Interamericana sobre Eficácia Extraterritorial das Sentenças e Laudos Arbitrais Estrangeiros – ou Convenção de Montevidéu – foi firmada em 8 de maio de 1979 por países membros da Organização dos Estados Americanos. O Brasil a incorporou por meio do Decreto nº 2.411, de 2 de dezembro de 1997.

Diferentemente da Convenção do Panamá, que trata apenas da arbitragem comercial, a Convenção de Montevidéu inclui sentenças judiciais e arbitrais proferidas em processos civis e trabalhistas, além dos comerciais. Segundo o tratado, as decisões judiciais e arbitrais estrangeiras têm eficácia extraterritorial nos Estados signatários, desde que cumpram as formalidades necessárias para se tornarem válidas e autênticas. As normas de arbitragem previstas pela Convenção de Montevidéu só se aplicam aos casos que não estiverem previstos pela Convenção do Panamá.

O que é o Protocolo de Olivos?

O tratado que regulamenta a solução de controvérsias entre os países do Mercosul

Assinado em 18 de fevereiro de 2002 por Brasil, Argentina, Paraguai e Uruguai, o Protocolo para a Solução de Controvérsias no Mercosul, ou Protocolo de Olivos, substituiu o Protocolo de Brasília de 1991 (já alterado em 1994 pelo Protocolo de Ouro Preto). Seu texto diz que, diante de uma controvérsia no âmbito do Mercosul, os países primeiro buscam resolvê-la por negociações diretas. Se não houver acordo, as partes podem pedir uma avaliação do assunto pelo Grupo Mercado Comum, que formula recomendações. Se ainda assim a controvérsia não for resolvida, os Estados recorrem à arbitragem, comunicando a intenção à Secretaria Administrativa do Mercosul. O procedimento tramita primeiro num tribunal *ad hoc*, que tem dois meses, prorrogáveis por mais um mês, para proferir a decisão. O tribunal *ad hoc* é instituído cada vez em um país e os árbitros só atuam quando chamados.

A novidade do Protocolo de Olivos foi a criação de uma segunda instância de arbitragem no Mercosul, o Tribunal Permanente de Revisão. Sua função: analisar os recursos apresentados para contestar o laudo do tribunal *ad hoc*, os quais não eram permitidos. Esse tribunal tem 30 dias, prorrogáveis por mais 15, para tomar uma decisão definitiva. Se houver interesse das partes, a questão pode seguir diretamente para esse tribunal, numa única instância, sem passar pelo procedimento *ad hoc*. Se um dos Estados deixar de cumprir a decisão, outros países envolvidos no conflito podem estabelecer medidas compensatórias.

As empresas e partes privadas não têm acesso direto ao sistema de solução de controvérsias estabelecido pelo Protocolo de Olivos, que só pode ser usado pelos Estados. Se uma empresa se sentir prejudicada por normas determinadas por outro país, ela deverá acionar o Estado, para que este a represente no tribunal arbitral.

Medidas compensatórias
Aplicadas para compensar subsídios concedidos pelo governo de um país exportador a produção, exportação ou transporte de qualquer produto, resultando em danos à indústria doméstica de outro país. São geralmente cobradas mediante a aplicação de alíquotas sobre a importação da mercadoria.

A ARBITRAGEM NO COMÉRCIO INTERNACIONAL
POR QUE O PROCEDIMENTO É O PREFERIDO DAS EMPRESAS

INSTITUIÇÕES DO MERCOSUL QUE ATUAM NA SOLUÇÃO DE CONTROVÉRSIAS

Grupo Mercado Comum	Organismo executivo do Mercosul, integrado por representantes dos ministérios das Relações Exteriores e da Economia e de bancos centrais. Formula recomendações para solucionar conflitos entre países antes da arbitragem.
Secretaria Administrativa	Tem a função de guardar os documentos e comunicar as atividades do grupo, além de administrar os procedimentos de solução de controvérsia entre Estados. Sua sede é em Montevidéu, no Uruguai.
Tribunal arbitral *ad hoc*	Primeira instância arbitral, composta por três árbitros titulares e três suplentes, indicados pelos Estados partes. Sua atuação se limita à análise da controvérsia específica que é chamado a resolver.
Tribunal Permanente de Revisão	Composto por cinco árbitros e cinco suplentes, indicados pelos Estados do Mercosul. Os árbitros estarão disponíveis permanentemente. Conflitos entre dois Estados são julgados por três árbitros. Se houver mais de dois países envolvidos, os árbitros serão cinco. O tribunal tem sede em Assunção, no Paraguai.

O que é o Protocolo de Las Leñas?

Esse tratado agilizou o processo de reconhecimento e execução de decisões judiciais e arbitrais entre os países do Mercosul

O **Protocolo de** Cooperação e Assistência Jurisdicional em Matéria Civil, Comercial, Trabalhista e Administrativa, assinado no Vale de Las Leñas, na Argentina, em 27 de junho de 1992, criou uma forma mais simples e rápida de reconhecimento de decisões judiciais e arbitrais entre os países do Mercosul.
Segundo o protocolo, o pedido de reconhecimento e execução dessas decisões entre os países do bloco é feito por cartas rogatórias. Por esse mecanismo, as decisões são enviadas diretamente pelas autoridades competentes, sem depender do pedido das partes. O Protocolo de Las Leñas criou, assim, um método mais eficiente de reconhecimento de decisões judiciais e arbitrais entre os países do Mercosul, diferenciando-as das decisões proferidas em outros Estados, que devem seguir o trâmite normal.

A ARBITRAGEM NO COMÉRCIO INTERNACIONAL
POR QUE O PROCEDIMENTO É O PREFERIDO DAS EMPRESAS

O que é o Acordo sobre Arbitragem Comercial Internacional do Mercosul?

O tratado uniformiza a arbitragem comercial privada entre pessoas e empresas nos países do Mercosul

O Acordo sobre Arbitragem Comercial Internacional do Mercosul foi firmado em Buenos Aires, em 12 de junho de 1998, e internalizado pelo Brasil em junho de 2003, pelo Decreto nº 4.719. Sua intenção: suprir a necessidade de regulamentação e uniformização da arbitragem comercial internacional para o setor privado nos países do Mercosul. Antes dele, somente a arbitragem entre Estados estava regulamentada no bloco.

A possibilidade de adoção de medidas cautelares pelo tribunal arbitral ou pelo Poder Judiciário da sede da arbitragem é a principal novidade do acordo, que criou assim a figura do laudo provisional ou interlocutório. O objetivo consiste em garantir decisões mais ágeis para o cumprimento de direitos que possam estar em risco.

O acordo trata também de uma série de procedimentos e princípios da arbitragem, como o tratamento eqüitativo e não-abusivo aos contratantes, a forma de intimação das partes, o que deve conter a convenção de arbitragem, a nomeação dos árbitros e as condições para sua recusa ou substituição, além de critérios para a decisão arbitral e sua execução. O acordo prevê também que os participantes do procedimento escolham se a arbitragem será feita segundo regras de direito ou por eqüidade, assim como elejam a legislação aplicável ao caso. Para a arbitragem *ad hoc*, o acordo diz que, se as partes não fizerem previsão de regulamento, são aplicadas as regras de procedimento da Convenção do Panamá.

Medidas cautelares
Visam a garantir um direito urgente que se discute ou será discutido em processo judicial ou arbitral. Segundo o Acordo de Buenos Aires, elas podem ser concedidas a qualquer momento pelo tribunal arbitral, a pedido de uma das partes. O tribunal também tem como pedir ao Poder Judiciário que emita uma medida cautelar.

Laudo provisional ou interlocutório
É a decisão que determina o cumprimento da medida cautelar.

O que é a Lei-modelo da Uncitral?

É um padrão de legislação que serviu de modelo para a regulamentação da arbitragem em vários países

A Comissão das Nações Unidas para o Direito Comercial Internacional (mais conhecida pela sigla em inglês, Uncitral) aprovou a Lei-modelo sobre Arbitragem Comercial Internacional em 21 de junho de 1985. Ela serviu de exemplo para a revisão da legislação de arbitragem em diversos países, tornando-as compatíveis com as principais convenções internacionais. A lei-modelo promoveu uma uniformização notável da arbitragem pelo mundo e da terminologia empregada para regulamentar o assunto.

A Lei de Arbitragem brasileira é um exemplo de norma que seguiu as previsões da lei-modelo da Uncitral. Novas leis baseadas nesse molde também foram aprovadas em países diversos, sendo a Alemanha e a Espanha exemplos recentes.

A ARBITRAGEM NO COMÉRCIO INTERNACIONAL

As principais
câmaras de arbitragem no mundo

Assim como as leis nacionais e os tratados internacionais, as instituições de arbitragem exerceram papel fundamental no desenvolvimento do mecanismo para a solução de disputas no comércio mundial. Diante da inexistência de um conjunto uniforme de normas procedimentais para a arbitragem internacional, essas entidades criaram regras próprias para solucionar conflitos envolvendo partes de mais de um país. Entre os centros de arbitragem mais importantes do mundo estão a Corte Internacional de Arbitragem da Câmara de Comércio Internacional (CCI) e a Associação Americana de Arbitragem (AAA).

A corte da CCI

A Corte Internacional de Arbitragem da CCI, com sede administrativa em Paris, é a instituição pioneira na arbitragem comercial internacional. Desde sua criação, em 1923, administrou mais de 13 mil arbitragens internacionais envolvendo partes e árbitros de mais de 170 países e territórios. Mais de 500 novos casos são levados à corte por ano. A entidade é constituída atualmente por um presidente, nove vice-presidentes e 80 membros de diversos países. Todos são escolhidos pelos comitês nacionais da CCI em cada país e posteriormente aprovados pelo Conselho-Geral da Câmara de Comércio. A corte também conta com conselheiros que acompanham e administram os procedimentos arbitrais.

O mecanismo de disputas da CCI está direcionado para questões de negócios internacionais. Partes de qualquer origem podem participar do procedimento, em qualquer idioma, em qualquer lugar e sob qualquer sistema jurídico.

A característica mais peculiar da corte é o serviço de arbitragem supervisionada. Suas regras prevêem amplo envolvimento institucional no procedimento de arbitragem, ao delegar à corte certas responsabilidades tipicamente reservadas ao árbitro. A corte não constitui um tribunal no sentido tradicional do termo. Seu objetivo é gerenciar e supervisionar os procedimentos de arbitragem feitos de acordo com seu regulamento.

Embora não julgue os conflitos, a corte controla o cumprimento das regras procedimentais e faz uma análise prévia do laudo arbitral para verificar se há necessidade de modificações formais. A corte também comenta aspectos de mérito do laudo, além de verificar as exigências da legislação do local da arbitragem e do lugar onde o laudo será executado.

A Corte Internacional da CCI publica anualmente as estatísticas dos procedimentos que administra. O número de casos envolvendo partes brasileiras ainda é pouco representativo se comparado ao de países como Estados Unidos, França e Alemanha, mas tem crescido, refletindo a evolução da arbitragem no País após a edição da Lei nº 9.307, em 1996, e a ratificação da Convenção de Nova York, em 2002. Em 2003, o Brasil foi sede de quatro procedimentos de arbitragem da CCI.

PARTES BRASILEIRAS EM ARBITRAGENS NA CCI

Fonte: CCI e Wald e Associados Advogados.

A Associação Americana de Arbitragem

A American Arbitration Association, mais conhecida como "Triple A", foi fundada em 1926, em Nova York. Trata-se da maior instituição norte-americana dedicada aos mecanismos de solução alternativa de disputas (ADRs). Está presente em 36 cidades dos Estados Unidos e tem dois centros internacionais, um em Nova York e outro em Dublin, na Irlanda. Presta assistência a empresas, sindicatos, agências governamentais, escritórios de advocacia e tribunais.
As regras da AAA são amplamente usadas na arbitragem doméstica nos EUA. Em 2002, a instituição administrava mais de 230 mil casos. Grande parte se referia a questões de consumo, trabalho e serviços de saúde. Além de suas regras gerais, a AAA oferece mais de 40 tipos de regulamentos para procedimentos de resolução de conflitos em áreas específicas, como indústria de construção, patente, emprego e seguros.
Em 1996, a AAA criou uma divisão responsável pela administração de arbitragens internacionais: o International Centre for Dispute Resolution (ICDR). Desde então, o número de casos levados ao ICDR vem crescendo. Em 2003, foram 646 casos, contra 135 em 1996. Os procedimentos envolveram participantes de 72 países.

Outros centros arbitrais internacionais

Outras entidades arbitrais importantes são a Corte de Arbitragem Internacional de Londres; a Comissão Interamericana de Arbitragem Comercial (Ciac); o Instituto de Arbitragem da Câmara de Comércio de Estocolmo; o Centro Arbitral da Câmara Econômica Federal em Viena; o Centro Internacional de Arbitragem de Hong Kong; o Instituto de Arbitragem Alemão; o Centro Regional de Cairo e o Centro Regional para Arbitragem em Kuala Lumpur.

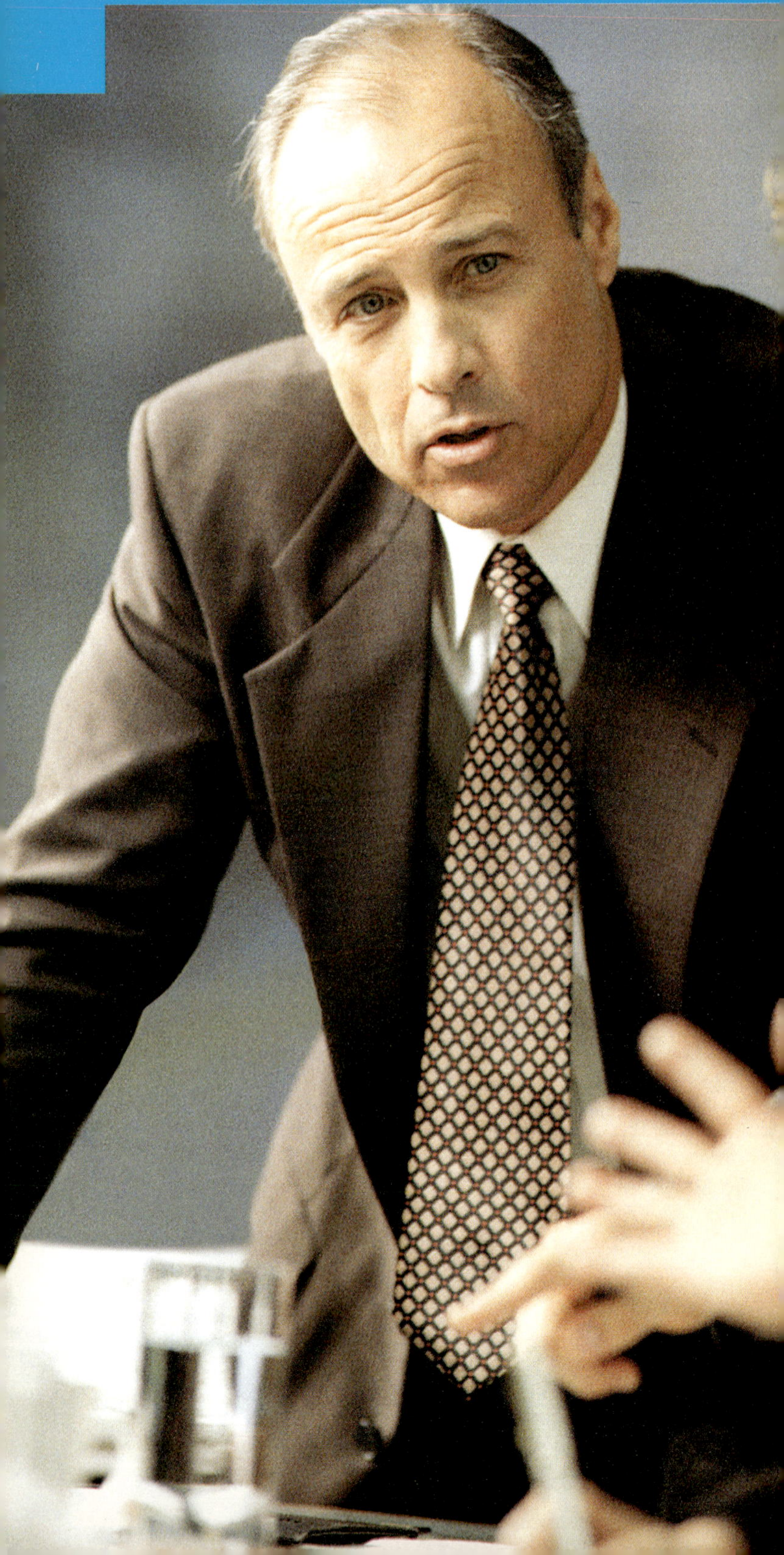

NEGOCIAÇÃO, MEDIAÇÃO E CONCILIAÇÃO

SAIBA COMO USAR OUTROS MÉTODOS DE SOLUÇÃO DE CONFLITOS

Conheça as diferenças básicas entre os procedimentos alternativos e escolha a melhor opção para o seu caso

NEGOCIAÇÃO, MEDIAÇÃO E CONCILIAÇÃO

SAIBA COMO USAR OUTROS MÉTODOS DE SOLUÇÃO DE CONFLITOS

O que é negociação?

É um processo em que duas ou mais pessoas se reúnem para discutir conflitos e buscar soluções

A melhor técnica de solução de controvérsias é aquela que previne o conflito antes mesmo que ele ocorra. Quem consegue prever as causas de possíveis disputas numa relação, bem como o posicionamento a tomar caso elas aconteçam, está dando um passo importante na tentativa de evitar o problema. No caso de o conflito já ter surgido, conhecer suas causas e os interesses das partes envolvidas é fundamental para se chegar a uma solução eficaz. Portanto, não hesite em gastar um pouco de tempo estudando os possíveis motivos de disputas potenciais e existentes. Isso feito, tome medidas para evitar ou minorar os conflitos.

Quantas vezes você teve de chegar a um consenso com amigos, vizinhos, namorado ou namorada, parentes ou parceiros comerciais para evitar brigas e resolver um problema qualquer? Sem saber, você estava usando um método de resolução de controvérsias presente no dia-a-dia de todos: a negociação.

No contexto dos métodos alternativos de solução de conflitos, a negociação é uma forma de os próprios envolvidos no problema tentarem resolvê-lo de forma amigável e preventiva. Ela acontece antes de se recorrer a métodos em que a decisão da controvérsia cabe a uma terceira pessoa, como na arbitragem ou no processo judicial. Na negociação, as partes simplesmente expõem seus interesses para tentar entrar em acordo e evitar brigas. Seu conceito em geral descarta a participação de um intermediário neutro para guiar a tentativa de acordo ou sugerir uma solução. O método é normalmente caracterizado pela informalidade e pela ausência de regras procedimentais. Na verdade, quase toda disputa resulta na tentativa de negociação em algum ponto, e a maioria dos conflitos se resolve dessa forma.

O que é mediação?

Esse procedimento de solução de conflitos é orientado por um terceiro, que atua como facilitador de um acordo, mas sem propor soluções

A mediação é um mecanismo de solução de controvérsias em que as partes envolvidas escolhem uma terceira pessoa para agir como facilitadora na construção do acordo. Ao contrário do conciliador, o mediador não pode propor soluções. Ele apenas aplica sua habilidade e técnicas de mediação para facilitar o consenso entre as partes.

O mediador, portanto, não julga nem decide, mas ajuda a trazer à tona os interesses e necessidades dos envolvidos no conflito, explorando aspectos que talvez não fossem percebidos pelas partes. Na mediação, os autores da decisão são os próprios envolvidos na controvérsia. Além de ter treino e qualificação, o mediador deve ser um profissional de credibilidade, independente e imparcial. Sua função é criar oportunidades para a tomada de decisões pelos participantes do procedimento. Para isso, ele usa técnicas que auxiliam a interação e o tratamento das diferenças de forma construtiva, buscando esclarecer os detalhes e as nuances do conflito. A presença do advogado é desnecessária no processo, que também pode ser usado como estratégia preventiva para evitar o rompimento da relação entre as partes.

NEGOCIAÇÃO, MEDIAÇÃO E CONCILIAÇÃO
SAIBA COMO USAR OUTROS MÉTODOS DE SOLUÇÃO DE CONFLITOS

Em que casos a mediação pode ser usada?

Em situações diversas, como brigas entre vizinhos, discussões familiares e problemas entre patrão e empregado

Desde 1998 tramita no Congresso um projeto de lei da deputada federal Zulaiê Cobra (PSDB-SP) para regulamentar a mediação no País. A proposta atual (PL 94/02) prevê dois tipos de mediação: a extrajudicial (a cargo de câmaras especializadas ou mediadores independentes) e a paraprocessual. Esta última se dividiria nas categorias prévia (antes de protocolar o processo na Justiça) e incidental (obrigatória antes que a ação vá a julgamento).

A mediação tem um universo de aplicação bastante amplo, sendo freqüentemente usada para solucionar desavenças em família, entre vizinhos ou discussões trabalhistas.
Um mediador pode ser chamado para ajudar moradores de um bairro a resolver pendências entre si. Também se utiliza o procedimento nas relações societárias, quando os sócios preferem enfrentar seus problemas de forma pacífica, em vez de brigar no Judiciário. Na área trabalhista, a mediação soluciona desavenças entre empregados e chefes, como forma de evitar o desligamento da empresa. Um casal em separação pode pedir o auxílio de um mediador na tentativa de um acordo sobre a divisão de bens, na definição da

CRESCIMENTO DA MEDIAÇÃO TRABALHISTA NO BRASIL

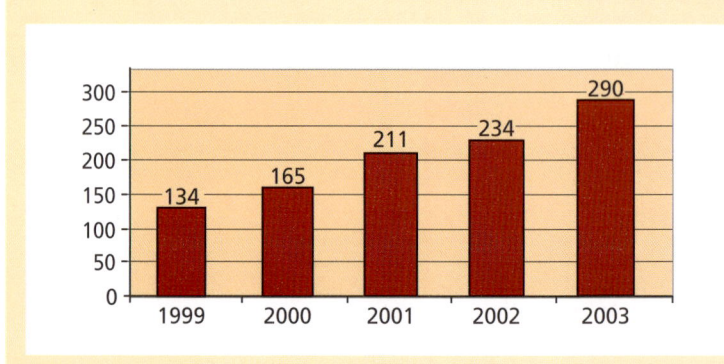

Ano	Número
1999	134
2000	165
2001	211
2002	234
2003	290

Fonte: Pesquisa do Conselho Nacional das Instituições de Mediação e Arbitragem (Conima) com as 77 câmaras associadas.

guarda dos filhos ou no número de dias em que a criança ficará com o pai ou a mãe, por exemplo. Mas, para os casos que tratam dos interesses de menores, o acordo deve ser posteriormente apreciado pelo Ministério Público e pelo Judiciário. Apesar de serem essas as situações mais comuns, a mediação se mostra aplicável a quase todo tipo de conflito.
Discussões entre professores e alunos, por exemplo, podem ser conduzidas pelo método, assim como problemas entre um consumidor e uma loja, médico e paciente, e assim por diante.

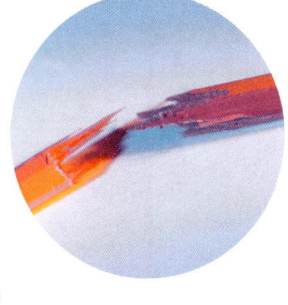

> **FIQUE DE OLHO**
>
> - *Apesar de a mediação não ter uma lei específica, alguns especialistas entendem que seu uso não pode pressupor que o participante abra mão de direitos ou se desobrigue de deveres que não admitem livre negociação, como na área penal, em discussões tributárias ou questões relacionadas à falência de empresas.*

Como assegurar que um acordo obtido por mediação será cumprido?

O acordo tem de ser homologado pela Justiça, assinado pelo árbitro ou por duas testemunhas

Para assegurar o cumprimento do acordo obtido por meio da mediação, é necessário elaborar um documento descrevendo o teor daquilo que ficou acertado entre as partes, com a assinatura de duas testemunhas.
Por meio desse documento, o acordo passa a ter força de um título executivo extrajudicial, ou seja, o Judiciário pode, se necessário, obrigar a eventual parte relutante a cumprir o combinado.
Há casos em que os participantes levam um conflito diretamente à arbitragem, mas acabam fechando um acordo ainda na fase inicial do procedimento. Nessa situação, suspende-se a arbitragem e redige-se um documento contratual contendo os termos e condições do acordo. Esse contrato pode ser submetido ao árbitro para que se transforme em sentença arbitral, ganhando, assim, força de título executivo judicial.

Na avaliação de mediadores, um acordo obtido pelo método só não é cumprido espontaneamente caso o procedimento tenha sido malconduzido. Quando buscam esse tipo de ajuda, as pessoas têm real interesse em resolver seus problemas – o que só acontece quando se cumpre o acordo.

NEGOCIAÇÃO, MEDIAÇÃO E CONCILIAÇÃO
SAIBA COMO USAR OUTROS MÉTODOS DE SOLUÇÃO DE CONFLITOS

O que é conciliação?

É um mecanismo de solução de controvérsias em que um terceiro, neutro, propõe soluções às partes

A conciliação é um método alternativo de solução de conflitos no qual uma terceira parte, neutra – o conciliador –, pode propor sugestões para resolver o problema. Diferentemente do árbitro, o conciliador não decide nem julga a controvérsia. Ele apenas ajuda os participantes a chegar a um consenso por meio da proposição de acordos – característica que o diferencia do mediador, que não pode sugerir soluções. Vale ressaltar, porém, que as partes não são obrigadas a aceitar a proposta do conciliador.

As técnicas de conciliação são aplicáveis em quase todos os tipos de controvérsia, inclusive na área penal, para infrações de menor potencial ofensivo julgadas nos Juizados Especiais Criminais.

O método pode ser realizado de forma privada ou por um juiz, antes e durante o processo judicial. A legislação processual civil prevê o uso da conciliação em processos civis; a Consolidação das Leis do Trabalho, em ações trabalhistas.

> **Infrações de menor potencial ofensivo**
> São as contravenções e os crimes para os quais a lei estabelece pena máxima de até um ano, exceto nos casos em que a legislação preveja um procedimento especial.

> **Juizados Especiais Criminais**
> Têm competência para a conciliação, o julgamento e a execução das infrações penais de menor potencial ofensivo. A Lei nº 9.099, que disciplina os Juizados Especiais Cíveis e Criminais, prevê, nos artigos 72 e 73, o uso da conciliação para esse tipo de infração.

Em que casos a conciliação pode ser usada?

Em situações variadas, que incluem até mesmo crimes de menor potencial ofensivo

Como técnica de resolução de conflitos, a conciliação pode ser aplicada a uma variedade de situações, desde que os direitos discutidos sejam passíveis de transação ou que a aplicação do método esteja prevista em lei específica, como no caso dos crimes de menor potencial ofensivo.

Assim como a mediação, a conciliação sempre tem o objetivo de encontrar uma solução amigável que beneficie os dois lados. O Procon, por exemplo, usa a conciliação na tentativa de levar fornecedores e consumidores a um acordo. No Procon Municipal de Belo Horizonte, a média de acordos feitos por conciliação no primeiro semestre de 2004 foi de 60%. O órgão atende diariamente 30 casos, dos quais 18 geralmente terminam em consenso. No Procon do Estado do Rio de Janeiro, das 57.987 audiências de conciliação realizadas desde janeiro de 2003 até 17 de junho de 2004, 22.522 terminaram em acordo. Nos casos em que não há acordo, os Procons orientam o consumidor a procurar o Judiciário.

A conciliação é também um dos pilares dos Juizados Especiais Cíveis. No primeiro semestre de 2004, das cerca de 3 mil ações recebidas mensalmente pelo Juizado Central da Capital, em São Paulo, aproximadamente 34% terminaram em acordo por meio da conciliação.

VANTAGENS DA MEDIAÇÃO E DA CONCILIAÇÃO

Baixos custos.

Soluções que favoreçam ambas as partes.

Privacidade e sigilo.

Redução do desgaste emocional.

Facilitação na comunicação.

Ambiente colaborativo.

Flexibilidade procedimental.

Informalidade.

Solução amigável.

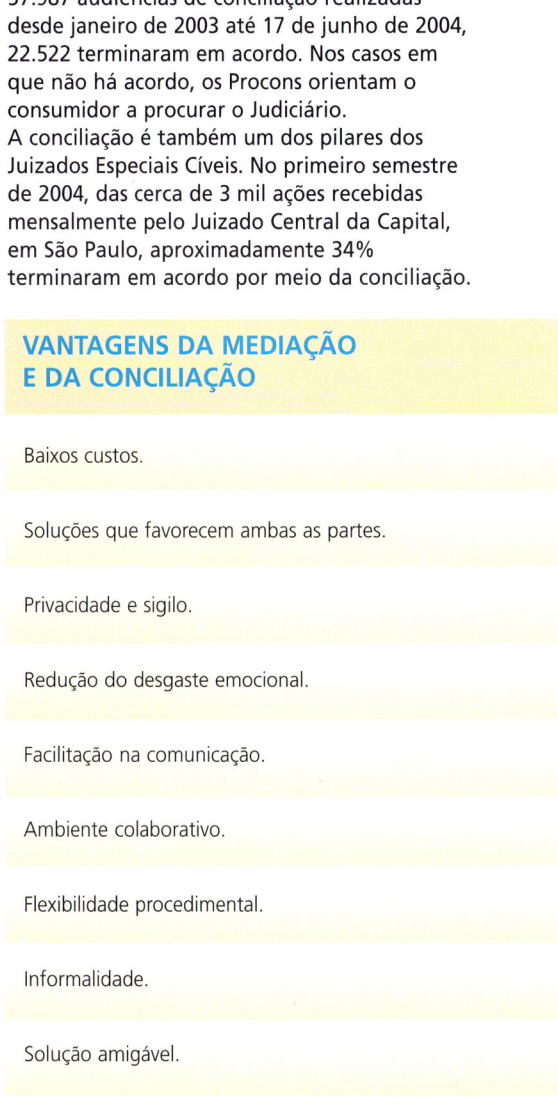

Alto grau de satisfação com o resultado.

Manutenção das relações.

NEGOCIAÇÃO, MEDIAÇÃO E CONCILIAÇÃO
SAIBA COMO USAR OUTROS MÉTODOS DE SOLUÇÃO DE CONFLITOS

Como devo proceder para usar a mediação ou a conciliação?

Procure um profissional competente, independente ou vinculado a um centro especializado idôneo

Muitas vezes, a conciliação e a mediação são usadas como fase anterior à arbitragem. O objetivo é dar espaço às partes para que elas mesmas encontrem soluções simples e adequadas, com a ajuda de um terceiro imparcial. A participação dos envolvidos no conflito na elaboração do acordo evita a imprevisibilidade da solução tomada por uma terceira pessoa. Essa cooperação também aumenta a possibilidade de satisfação com o resultado. A experiência demonstra que, em muitos casos, os conflitos levados às câmaras de arbitragem são resolvidos já na fase de mediação e conciliação.

Profissionais especialistas na área do conflito e que saibam usar técnicas de mediação podem geralmente atuar como facilitadores na solução do problema. Para questões de família, por exemplo, psicólogos e assistentes sociais costumam atuar como mediadores. Na área trabalhista, a mediação pode ser feita por um profissional escolhido pelas partes. Para casos de demissão e desligamento da empresa, a conciliação é feita obrigatoriamente pelas Comissões de Conciliação Prévia (CCP), caso elas tenham sido criadas pela empresa ou sindicato da categoria. As ações na Justiça do Trabalho também estão sujeitas a tentativas de conciliação.

As câmaras de mediação e arbitragem ajudam o interessado a encontrar um profissional competente. Elas costumam apresentar uma lista de mediadores e conciliadores que podem ser contratados para atuar na tentativa de resolver o conflito. Convém que esses centros tenham códigos de ética para orientar a atuação dos profissionais. O importante é sempre buscar entidades e profissionais idôneos, competentes e especializados na área do conflito.

CCP

Criadas em 2000, pela Lei nº 9.958, as Comissões de Conciliação Prévia são formadas por representantes de empregados e empregadores. Têm o objetivo de resolver conflitos individuais de trabalho por meio da conciliação, antes de as partes recorrem a ações judiciais.

A conciliação precisa de lei?

O mecanismo está previsto no Código de Processo Civil e na Consolidação das Leis do Trabalho

Segundo os artigos 277 e 331 do Código de Processo Civil (CPC), o juiz é obrigado a promover uma tentativa de conciliação antes de iniciar o julgamento do processo, para verificar a possibilidade de as partes fecharem um acordo. Quando os participantes do processo chegam a um consenso, o acordo é homologado e o processo encerrado. Em caso negativo, a ação segue os trâmites normais. Nas discussões judiciais trabalhistas, o juiz também é obrigado a promover a conciliação. Os artigos 764, 852-E e 846 da Consolidação das Leis do Trabalho (CLT) prevêem pelo menos uma tentativa de conciliação durante processos que correm em rito sumaríssimo, e pelo menos duas tentativas para as demais ações.
A conciliação também vem sendo usada pelos Tribunais Regionais do Trabalho (TRTs) e pelos Tribunais de Justiça estaduais, que chamam as partes para uma tentativa de acordo em segunda instância. A idéia é incentivar os acordos, possibilitar soluções mais rápidas e reduzir o número de processos em trâmite na Justiça brasileira.

O Tribunal de Justiça de Minas Gerais criou, em setembro de 2002, as chamadas Centrais de Conciliação, que buscam promover acordos entre as partes e, dessa forma, reduzir o estoque de ações da Justiça estadual. O projeto foi implantado inicialmente nas varas de família do Fórum Lafayette, em Belo Horizonte, e, depois, nas varas cíveis. Em junho de 2004, as centrais estavam presentes em 30 comarcas do Estado. A média de acordos na capital, para os casos de família, era de 62,49%. Das 19.766 audiências realizadas desde a implantação do projeto até maio de 2004, 12.351 terminaram em acordo.

Rito sumaríssimo
Mais simples e veloz do que o rito ordinário, tem seus processos instruídos e julgados numa única audiência. Submetem-se a ele as ações que discutem valores de até 40 salários mínimos.

NEGOCIAÇÃO, MEDIAÇÃO E CONCILIAÇÃO

São Paulo adota mediação para reduzir processos judiciais

A Justiça do Estado de São Paulo recebe o maior número de ações do País. Em maio de 2004, eram 12.175.730 processos que tramitavam somente na primeira instância. Isso significa que cada um dos 1.590 juízes de primeiro grau teria mais de 7 mil processos para julgar.

Esse número aumenta a ritmo acelerado. O Judiciário paulista recebe anualmente mais de 5 milhões de novos processos. Como o número de magistrados e o investimento em estrutura não crescem na mesma proporção do volume de ações, a Justiça paulista figura hoje entre as mais lentas do Brasil. Estima-se que um recurso, depois de apresentado, demore quatro anos somente para chegar às mãos do desembargador.

Alternativa à vista

Em função desse quadro, a Secretaria da Justiça e da Defesa da Cidadania do Estado de São Paulo elaborou um projeto para amenizar a situação do Judiciário no longo prazo e atender às necessidades da população carente. A solução encontrada foi desenvolver a cultura dos métodos extrajudiciais para a solução de conflitos – como a mediação, a conciliação e a arbitragem.

Para isso, a secretaria criou em 2003 o primeiro escritório de mediação comunitária do Estado, instalado no Centro de Integração da Cidadania (CIC) da região Leste da capital. O CIC oferece orientação social e jurídica gratuita, atendimento ao trabalhador e do Procon à população local, além de emissão de documentos. Nos três primeiros meses de 2004 o escritório recebeu 151 casos, dos quais 107 foram resolvidos por meio de acordo. Entre os demais, 23 terminaram sem solução, 5 foram encaminhados à Justiça e 16 redirecionados para outros serviços do centro.

Desentendimentos entre vizinhos, descumprimento de normas de condomínios e batidas de veículos são exemplos de problemas levados à mediação comunitária. Os mediadores são escolhidos pela própria população entre pessoas da comunidade, medida que tem o objetivo de conferir maior confiança em relação ao procedimento. Antes de começar os trabalhos, a secretaria treina os mediadores durante seis meses.

O plano do governo é inaugurar em 2004 escritórios de mediação comunitária nos outros três CICs da capital, nas zonas Sul, Norte e Oeste. Outra idéia consiste em capacitar os 2 mil juízes de paz do Estado como mediadores, o que facilitaria a expansão do projeto de mediação comunitária para o interior. Um dos benefícios será o de evitar que questões de menor complexidade jurídica cheguem ao Judiciário. Com todos os centros de mediação instalados na capital e todos os juízes de paz capacitados para atuar no interior, a secretaria espera reduzir em 10% a 15% o número de ações levadas à Justiça paulista. O investimento para desenvolver o programa nos quatro CICs é de R$ 500 mil.

Iniciativa dos tribunais

Alguns tribunais do País também têm desenvolvido programas de mediação e conciliação com o objetivo de aproximar a Justiça da população e prevenir o congestionamento de ações nos fóruns. Um exemplo é a proposta da Justiça do Paraná, que desde 2003 promove um programa de conciliação de família dividido em quatro subprojetos: Justiça no Bairro, Pólos Avançados de Conciliação (funciona dentro de faculdades), Conciliação nas Penitenciárias e o Núcleo de Conciliação nas Varas de Família.
No programa Justiça no Bairro, a cada 15 dias um ônibus vai a uma das sete Ruas da Cidadania existentes em Curitiba. Um juiz, um promotor e voluntários promovem conciliações na área de família. Pelo método, são discutidas questões como separação, guarda de filhos, pensão alimentícia, reconhecimento de paternidade e de união estável. Os acordos firmados são homologados no próprio local.
As Ruas da Cidadania estão presentes nas sete regionais de Curitiba. Nelas estão instalados postos de serviços à população para fornecimento de documentos e informações, por exemplo. O ônibus da Justiça é equipado com computadores e funciona como cartório para expedição de mandados e averbação. Além disso, a cada visita são instalados na rua 40 computadores, para redação dos acordos firmados por conciliação. O programa tem cerca de cem voluntários, normalmente estudantes de direito, advogados, psicólogos e assistentes sociais. Segundo a coordenação do projeto, dos 5 mil atendimentos realizados de março de 2003 a junho de 2004, 3.110 resultaram em conciliação. Além disso, foram promovidos 752 casamentos coletivos.
No Núcleo de Conciliação, presente nas varas de família da capital, o saldo também é positivo. Das 4.750 ações distribuídas nesses núcleos de maio de 2003 a junho de 2004, 3.199 terminaram em acordo. Já nos Pólos Avançados, a conciliação é feita em escritórios abrigados em quatro faculdades de Curitiba que participam do programa. No projeto Conciliação nas Penitenciárias, conciliadores visitam presídios acompanhados da parte interessada em promover um acordo – por exemplo, para uma separação ou para o reconhecimento de paternidade.

HISTÓRIA DA ARBITRAGEM

Uma tradição na solução de conflitos

Com referências à mitologia grega e até mesmo à Bíblia, a arbitragem tem sua origem difícil de ser medida no tempo. Ela está entre as primeiras formas de solução de conflitos da humanidade, antecedendo o surgimento da Justiça estatal. Diversas citações da mitologia grega são tidas como formas embrionárias da arbitragem. Um exemplo clássico: a disputa entre as deusas Afrodite, Hera e Atena para saber quem era a mais bonita, depois que Éris, a deusa da discórdia, lançou entre as três uma maçã de ouro com a inscrição "para a mais bela". Indicado como árbitro para decidir o caso, Páris escolheu Afrodite, que lhe ofereceu em troca o amor de Helena. O episódio é conhecido como "O julgamento de Páris". Mitologia à parte, acredita-se que a arbitragem tenha sido usada para resolver conflitos nas antigas civilizações do Egito e da Ásia. O procedimento também constituía a forma de solucionar controvérsias entre os hebreus. Documentos históricos relatam o uso da arbitragem em diversas disputas territoriais na Grécia antiga, para decidir conflitos entre as cidades-estado aproximadamente seis séculos antes de Cristo.

Em 445 a.C., um tratado de paz entre Esparta e Atenas já continha uma cláusula prevendo o uso da arbitragem para solucionar de forma pacífica os conflitos entre as cidades – o que hoje é chamado de "cláusula compromissória".

A arbitragem também foi muito usada na Roma antiga e se tornou ainda mais freqüente com a expansão do Império Romano. O uso do procedimento teria sido favorecido posteriormente com a invasão do Império Romano pelos bárbaros. Para fugir da aplicação das leis de direito impostas pelos invasores, os habitantes das localidades invadidas solucionavam seus conflitos pela arbitragem, na qual podiam escolher livremente as regras de julgamento.

Após a queda do Império Romano, o uso da arbitragem se desenvolveu durante a Idade Média para resolver conflitos entre comerciantes, que tomavam como regras de julgamento os usos e costumes e

as práticas comerciais da época. No século XIX, a prática da arbitragem se desacelerou por conta de uma processualização excessiva do procedimento, resultante das reformas legais instituídas por Napoleão e disseminadas pela Europa. A melhora do sistema estatal de Justiça também contribuiu para dispensar o uso do método na solução de controvérsias.
Já no final do século XIX e início do século XX, o interesse pela arbitragem foi renovado com o incremento do comércio entre países, além da ratificação de tratados internacionais de arbitragem e a inserção do procedimento em diversos sistemas jurídicos.

A arbitragem no Brasil

A arbitragem existe no Brasil desde a época da colonização portuguesa. O procedimento já estava previsto nas Ordenações Filipinas, promulgadas em 1603 em Portugal, que serviam de corpo legal para o país e suas colônias, inclusive o Brasil. A arbitragem regulamentada nas Ordenações estava sujeita a recurso de segunda instância. A primeira Constituição brasileira, de 1824, também tratou do uso da arbitragem para causas cíveis e algumas questões penais. A Carta estipulou que as sentenças arbitrais poderiam ser executadas sem recurso, desde que essa fosse a vontade dos participantes do procedimento.
A partir de 1830, normas específicas regulamentaram o uso da arbitragem para determinados setores, como o de seguros e o de locação de serviços. Mais tarde, o Código Comercial de 1850 estabeleceu o procedimento como obrigatório para determinadas questões comerciais e trabalhistas.

A arbitragem nos conflitos de fronteira

Depois da proclamação da República, em 1889, a arbitragem passou a ser muito usada pelo Brasil para resolver conflitos de fronteira. Em diversos deles, atuava como advogado brasileiro o Barão do Rio Branco, que se celebrizou pelo seu talento em defender os interesses do País. Uma dessas disputas, que ocorria desde a época do Império, era o conflito com a Argentina em relação ao território das Missões, na região Sul. Em 1895, o litígio

HISTÓRIA DA ARBITRAGEM

foi submetido a uma arbitragem pelo então presidente dos Estados Unidos Stephen Grover Cleveland, que deu parecer favorável ao Brasil. Cumprindo a decisão, a região disputada foi incorporada ao Brasil e a fronteira entre os dois países ficou estabelecida no curso do rio Peperi-Guaçu, no episódio que se tornou conhecido como "A Questão de Palmas".

Em 1896, o Brasil entrou em conflito com a Inglaterra pela posse da ilha de Trindade, território no litoral do Espírito Santo que havia sido ocupado pelos ingleses em 1890. O caso foi desta vez levado a uma arbitragem feita por Portugal, que também deu ganho de causa ao Brasil.

Outro ponto de conflito envolvia as terras hoje conhecidas como o Amapá, disputado então com a França, que ocupou a região em 1895 e o reivindicava para sua colônia sul-americana, a Guiana Francesa. A descoberta do ouro no território, obviamente, acirrara os interesses dos países pela região. O caso foi levado à arbitragem do presidente suíço Walter Hauser, que deu a posse do território ao Brasil, num laudo proferido em 1900. A região entre os rios Oiapoque e Araguari, assim, acabou incorporada ao Pará, tornando-se depois Território e, finalmente, Estado do Amapá.

Mais uma disputa territorial envolveu o Brasil e a Guiana Inglesa, então colônia do Reino Unido, em torno da região do lago Pirara, no leste do atual Estado de Roraima. Desta vez, o rei da Itália, Vitório Emmanuel III, atuou como árbitro: em 1904, mandou dividir o território entre o Brasil e a Guiana, numa decisão bastante desfavorável ao Brasil.

Entre o fim do século XIX e princípio do século XX, o País assinou diversos tratados pelos quais se obrigava a submeter à arbitragem em eventuais conflitos de natureza jurídica ou de interpretação de acordos existentes com outras nações.

Novos entraves ao procedimento

Apesar do sucesso para resolver questões territoriais envolvendo o Brasil, a arbitragem enfrentou uma série de restrições na área privada. O Código Civil de 1916, por exemplo, previa a possibilidade de uso da arbitragem pelas pessoas capazes de contratar, mas estipulava que o laudo arbitral só poderia ser executado depois de passar pela homologação do Poder Judiciário.

A mesma exigência foi feita pelos códigos de Processo Civil de 1939 e 1973. Depois de homologada pela Justiça, a sentença arbitral estava ainda sujeita a recursos, como qualquer processo judicial.

Tal restrição consistiu num dos principais entraves para o desenvolvimento da arbitragem no País. Outro problema era que a cláusula compromissória incluída nos contratos não tinha força vinculante – ou seja, apesar da existência de uma cláusula prevendo o uso da arbitragem, o contratante podia optar por recorrer ao Judiciário para solucionar conflitos resultantes de um contrato.

Esses dois fatores tornaram o procedimento inseguro. Além de não haver garantia de uso da arbitragem prevista em contrato, as vantagens do método eram anuladas com a possibilidade de recurso judicial para questionar o laudo.

Iniciativas para mudança

Na década de 1980, com a ampliação das relações comerciais do Brasil, elaboraram-se três anteprojetos de lei com o objetivo de incentivar o desenvolvimento da arbitragem no País. Nenhum deles teve sucesso.

Alguns anos mais tarde, o Instituto Liberal de Pernambuco retomou a idéia de criar uma lei de arbitragem. Foi constituída então uma comissão de juristas para redigir um novo anteprojeto. Em 1992, o então senador Marco Maciel apresentou o texto ao Congresso.

A essa altura, o Brasil já havia assinado importantes tratados internacionais sobre arbitragem. No entanto, a ausência de segurança para o uso do procedimento ainda despontava como entrave ao desenvolvimento dos negócios no País.

Em 1996, foi promulgada a Lei nº 9.307, resultante do projeto apresentado por Marco Maciel. A nova Lei de Arbitragem acabou com as restrições ao uso do método, tornando a cláusula compromissória obrigatória e dando à sentença arbitral a força de um título executivo judicial. Depois de julgada constitucional pelo Supremo Tribunal Federal em 2001, a Lei nº 9.307 contribuiu para um expressivo aumento do uso da arbitragem no Brasil.

GLOSSÁRIO

Ação Direta de Inconstitucionalidade: É ajuizada diretamente no Supremo Tribunal Federal (STF) para discutir o cumprimento de artigos da Constituição Federal.

Ação de execução de título judicial: Ação judicial destinada a fazer cumprir uma obrigação que decorre de uma sentença judicial ou arbitral.

Acórdão: Decisão coletiva dos juízes dos tribunais, nos processos julgados.

Ad hoc: Expressão latina que significa "para isto", "para determinado ato". Designa um tipo de arbitragem em que as partes estabelecem as regras.

ADR: Sigla em inglês para *Alternative Dispute Resolution* (resolução alternativa de disputas).

Arbitragem: Meio privado de solução de conflitos, baseado num acordo de vontade entre as partes interessadas na solução de determinada controvérsia surgida entre elas. No Brasil ela é regulada pela Lei nº 9.307/96.

Árbitro: Pessoa neutra escolhida pelas partes para decidir, em caráter definitivo, a controvérsia entre elas.

Arresto: Medida judicial que consiste na apreensão de bens do suposto devedor para garantia de eventual execução promovida contra ele.

Audiência: Sessão ou reunião em que o árbitro conversa com as partes, ouve os advogados e as testemunhas.

BID: Banco Interamericano de Desenvolvimento. Instituição financeira criada em 1959 e sediada em Washington D.C. Objetiva contribuir para o progresso econômico e social da América Latina e do Caribe mediante a canalização de seu capital próprio, de recursos obtidos no mercado financeiro e de outros fundos sob sua administração para financiar o desenvolvimento desses países.

Bovespa: Bolsa de Valores de São Paulo, principal mercado de ações no Brasil.

CACB: Confederação das Associações Comerciais e Empresariais do Brasil. Integrada por 27 Federações que representam as associações comerciais de cada Estado.

Câmaras de arbitragem: Também chamadas de centros arbitrais, são prestadoras de serviço que oferecem suporte para a realização da arbitragem e as regras que devem ser seguidas durante o procedimento.

CCI: Câmara de Comércio Internacional. Organização empresarial mundial fundada em 1919 com sede administrativa na França e comitês nacionais em cerca de 90 países. Cumpre tarefas de promoção do livre comércio e investimento, difusão e codificação de usos e práticas próprias do direito comercial internacional. Também oferece o serviço de sua Corte Internacional de Arbitragem.

Ciac: Comissão Interamericana de Arbitragem Comercial. Organização internacional privada, baseada na cidade de Washington, que promove, mantém, administra e divulga em âmbito ibero-americano um sistema para a resolução de controvérsias comerciais internacionais por meio da arbitragem ou conciliação. Criada em 1943, teve seu papel reforçado com a aprovação da Convenção do Panamá, em 1975.

Cláusula compromissória ou cláusula arbitral: É a cláusula prevista em um contrato pela qual os envolvidos se comprometem em usar a arbitragem e não o Judiciário para resolver os conflitos que possam surgir daquele contrato.

CMN: Conselho Monetário Nacional. Órgão federal responsável pela regulamentação do sistema financeiro.

Compromisso arbitral: Documento que demonstra o compromisso das partes em submeter um conflito à arbitragem, abrindo mão de levá-lo ao Judiciário. O compromisso é feito quando já existe uma controvérsia. Ele contém dados sobre as partes envolvidas, os árbitros eleitos (ou a câmara de arbitragem que fará a indicação), o assunto da arbitragem e o lugar onde será emitida a sentença arbitral.

Conciliação: É o meio de solução do conflito por meio de acordo entre as partes. O próprio conciliador pode propor acordos.

Concussão: Crime definido no artigo 316 do Código Penal praticado por funcionário público e contra a administração pública. O funcionário público pratica concussão quando exige para si ou para outro, direta ou indiretamente, vantagem indevida. Na arbitragem, o crime de concussão pode ser considerado também para o árbitro.

Contratos de adesão: Contratos em que uma das partes aceita todas as cláusulas ali existentes sem poder alterar alguma delas. Como exemplos podem ser citados os contratos de fornecimento de água, luz e telefone.

Controlador: Acionista que detém o controle (seja ele conjunto ou isolado, direto ou indireto) de uma companhia.

Convenção de arbitragem: Instrumento necessário para que as partes submetam seus conflitos a um procedimento de arbitragem, demonstrando que estão de acordo com o uso do método.

Corrupção passiva: Crime previsto no artigo 317 do Código Penal que consiste em solicitar ou receber para si ou para outrem – direta ou indiretamente, ainda que fora da função ou antes de assumi-la, mas em razão dela – vantagem indevida ou aceitar promessa de tal vantagem.

Custas: Taxas cobradas pelas câmaras para a administração da arbitragem. As duas partes pagam as custas no procedimento arbitral.

CVM: Comissão de Valores Mobiliários. Órgão regulador do mercado de capitais.

Direitos patrimoniais disponíveis: São aqueles passíveis de terem seu valor definido em dinheiro e de serem negociados, transacionados, cedidos ou renunciados. Direitos que uma pessoa pode ceder e bens que pode vender, doar, alienar e de que pode dispor, desistir ou abrir mão.

Embargos do devedor: Ação judicial destinada a cancelar o processo de execução, por motivos como erro no processo, inexigibilidade da obrigação cobrada, ilegitimidade das partes ou impedimento do juiz.

Empresa pública: Entidade dotada de personalidade jurídica de direito privado (com patrimônio próprio ou capital exclusivo do poder público ou de suas entidades da administração indireta) criada por lei para desempenhar atividades econômicas que o governo seja levado a exercer por motivos de conveniência ou contingência administrativa.

Eqüidade: No julgamento por eqüidade, o juiz leva em conta princípios de justiça, baseando-se em sua experiência, bom senso, saber e entendimento, sem seguir estritamente a lei.

Execução: Ação judicial que tem o objetivo de obrigar uma das partes a cumprir uma decisão ou acordo que não foi seguido voluntariamente.

Fórum: Edifício-sede da Justiça de primeira instância.

Homologação pelo Poder Judiciário: Ato pelo qual a autoridade judicial ratifica, aprova ou confirma outro ato, dando-lhe eficácia legal.

Honorários: Remuneração paga ao árbitro.

Impedimento: Motivo legal pelo qual o árbitro ou juiz está proibido de atuar em determinado procedimento ou processo.

Inconterms: Sigla em inglês para Termos de Comércio Internacional. Definições e cláusulas padrão para o comércio internacional estabelecidas pela Câmara de Comércio Internacional (CCI), usadas para facilitar a negociação entre empresas de diferentes países.

Infrações penais de menor potencial ofensivo: Contravenções e crimes para os quais a lei estabelece pena máxima de até um ano, exceto nos casos em que a legislação preveja um procedimento especial.

Instância: Ordem hierárquica dos órgãos judiciários dentro do processo, para fins de recursos. A primeira instância é formada pelo juiz monocrático. A segunda instância é formada pelos tribunais. Os processos da Justiça comum são julgados inicialmente na primeira instância. Após proferida a sentença do juiz, pode haver recurso ao tribunal competente, que novamente analisa e julga o processo.

Intimação: Ato pelo qual se dá ciência à parte dos atos ou termos do procedimento arbitral, para que esta faça ou deixe de fazer alguma coisa.

Juizados Especiais Cíveis: Criados em 1995 pela Lei nº 9.099, os juizados têm competência para promover a conciliação ou julgar causas de até 40 salários mínimos. O acesso aos juizados é gratuito e não exige a contratação de advogado para ações de até 20 salários mínimos. Os Juizados Especiais Cíveis substituíram os antigos Juizados de Pequenas Causas.

Juizados Especiais Criminais: Têm competência para a conciliação, o julgamento e a execução das infrações penais de menor potencial ofensivo. O juizado foi criado pela Lei nº 9.099/95.

Jurisprudência: Termo que vem do latim *juris*, direito, e *prudentia*, sabedoria. Designa o conjunto de decisões de juízes ou tribunais sobre um mesmo assunto e que podem ser indicativo de decisões futuras.

Lex mercatoria: O termo, que remete ao sistema regulatório seguido pelos comerciantes no fim da Idade Média e no Renascimento, se refere aos usos e costumes praticados no comércio e nas regras internacionais de comércio.

Mediação: Meio de solução do conflito por meio de acordo entre as partes. O mediador não propõe acordos, apenas aproxima as partes.

Medida cautelar: Recurso que visa a garantir um direito urgente que se discute ou será discutido em um processo judicial ou arbitral.

Mercado de capitais: Toda a rede de bolsas de valores e instituições financeiras, como bancos e companhias de investimentos, que opera com compra e venda de papéis de longo prazo.

Métodos alternativos ou métodos extrajudiciais: Formas de solução de conflitos realizadas fora do poder Judiciário, como a arbitragem, a conciliação, a mediação e a negociação.

Microempresa e empresa de pequeno porte: Segundo o Estatuto da Microempresa e da Empresa de Pequeno Porte, microempresa é o empreendimento com uma receita bruta anual de até R$ 433.775,14 e a empresa de pequeno porte é aquela com receita bruta anual superior a R$ 433.775,14 e igual ou inferior a R$ 2.133.222,00.

OAB: Ordem dos Advogados do Brasil. Entidade representativa dos advogados, recebe queixas sobre serviços advocatícios e instaura processos administrativos que investigam o cumprimento de obrigações legais e éticas.

Partes: São as pessoas que participam de uma ação, acordo ou arbitragem na condição de autor ou réu, demandante e demandado, ou que figuram num contrato na condição de contratante ou contratado.

Peculato: Crime cometido por funcionário público que, valendo-se do ofício, se apropria de dinheiro ou de bens móveis de forma indevida, confiados a sua guarda e posse, em proveito próprio ou de terceiro, ou que se vale de sua influência para desviá-lo.

Pessoa física: Indivíduo tomado singularmente como sujeito de direito.

Pessoa jurídica: Entidade jurídica formada por um grupo de pessoas com fins de utilidade pública ou privada. As pessoas jurídicas podem ser de direito público ou privado. São pessoas de direito público interno a União, os Estados, o Distrito Federal e os municípios legalmente constituídos. São pessoas jurídicas de direito privado as sociedades civis, religiosas, associações de utilidade públicas, fundações e sociedades mercantis, entre outras.

Petição: Pedido escrito, dirigido a uma autoridade, contendo exposição de fatos, fundamentos jurídicos e pedido final.

Procon: Entidade municipal ou estadual de defesa do consumidor que presta atendimento direto aos cidadãos, orientando e promovendo conciliações entre eles e as empresas. Também exerce a função de coordenar e executar a política local de defesa do consumidor.

Recurso: Meio colocado à disposição do vencido em uma ação judicial para obter a reforma da decisão proferida pelo juiz ou autoridade administrativa.

Rito sumaríssimo: Usado para as ações trabalhistas que discutam valores de até 40 salários mínimos. O procedimento sumaríssimo é mais simples e célere que o rito ordinário, já que os processos devem ser instruídos e julgados em uma única audiência.

Sebrae: Serviço Brasileiro de Apoio às Micro e Pequenas Empresas. A entidade tem por objetivo promover o desenvolvimento sustentável das empresas de pequeno porte.

Secretaria: Órgão da câmara responsável pela implementação das rotinas administrativas relacionadas à arbitragem.

Sentença: Decisão de mérito numa ação judicial proferida pelo juiz de primeira instância. Na arbitragem é a decisão do árbitro.

Sistema Financeiro Nacional: Conjunto de instituições financeiras voltadas para a gestão da política monetária do governo, sob a orientação do Conselho Monetário Nacional (CMN).

STF: Supremo Tribunal Federal. É a mais alta corte do País, que dá a última palavra nas questões constitucionais.

STJ: Superior Tribunal de Justiça. Tribunal que dá a última palavra nas questões de direito que envolvam argumentos infraconstitucionais.

Suspeição: Situação que impede o árbitro, juiz togado ou membro do Ministério Público de exercer suas funções com isenção ou imparcialidade, motivo pelo qual deve ser afastado do procedimento ou processo.

Termo de arbitragem: Documento assinado pelas partes, árbitros e testemunhas que define o assunto a ser julgado pelo procedimento de arbitragem.

Título executivo: Todo documento passível de execução diretamente na Justiça. Ou seja, o Judiciário poderá determinar o cumprimento das obrigações estabelecidas no título caso a parte envolvida não o faça espontaneamente.

Título executivo extrajudicial: Documento que também pode ser executado na Justiça, mas resultante de obrigações estabelecidas fora do Judiciário. Alguns exemplos são cheques, notas promissórias e duplicatas ou documentos particulares assinados por duas testemunhas ou advogados.

Transação: Meio pelo qual duas pessoas resolvem um conflito, mediante concessões mútuas e recíprocas sobre certos direitos.

Tribunal arbitral: Colegiado de árbitros eleitos pelas partes para julgar uma controvérsia. Como a condição de árbitro ocorre somente durante a arbitragem, o tribunal é automaticamente dissolvido quando termina o procedimento.

TRT: Tribunal Regional do Trabalho. Julga as ações trabalhistas no âmbito estadual. Estão abaixo do Tribunal Superior do Trabalho (TST), órgão máximo na área do trabalho.

Uncitral: United Nations Commission on International Trade Law. Principal órgão jurídico da Organização das Nações Unidas (ONU) no campo do direito comercial internacional. Tem por objetivo a modernização e a harmonização das normas dos negócios internacionais.

Vara: Cada divisão de uma jurisdição, na comarca onde há mais de um juiz.

BIBLIOGRAFIA

ALMEIDA, Ricardo Ramalho (Coord.). *Arbitragem internacional:* questões de doutrina e da prática. Rio de Janeiro: Renovar, 2003.

AMERICAN ARBITRATION ASSOCIATION. *A guide to mediation and arbitration for business people*. New York, 2000.

AMERICAN BAR ASSOCIATION. *Alternative dispute resolution*: an ADR primer. Washington, D.C.: ABA, Standing Committee on Dispute Resolution, 1989.

BENNETT, Steven C. *Arbitration: Essential concepts*. New York: ALM Publishing, 2002.

COOPER, Corinne; MEYERSON, Bruce E. (Ed.). *A Drafter's guide to alternative dispute resolution*. Chicago: American Bar Association, Section of Business Law, 1991.

CRETELLA NETTO, José. *Curso de Arbitragem.* Rio de Janeiro: Forense, 2004.

GARCEZ, José Maria Rossani (Coord.). *A arbitragem na era da globalização*. Rio de Janeiro: Forense, 1999.

GUILHERME, Luiz Fernando do Vale de Almeida. *Arbitragem*. São Paulo: Quartier Latin, 2003.

HAAGEN, Paul H. (Ed.). *Arbitration now*. Washington, D.C.: American Bar Association, Section of Dispute Resolution, 1999.

KHEEL, Theodore W. *The keys to conflict resolution:* proven methods of settling disputes voluntarily. New York: Four Walls Eight Windows, 1999.

LEE, João Bosco; VALENÇA FILHO, Clávio de Melo. *A arbitragem no Brasil*. Brasília: Confederação das Associações Comerciais do Brasil, 2002.

LEMES, Selma M. Ferreira. A jurisprudência brasileira sobre o uso da arbitragem. *Jornal Valor Econômico*, São Paulo, p. E8, 26 ago. 2003.

_____. Arbitragem na concessão de serviços públicos – Arbitrabilidade objetiva. Confidencialidade ou publicidade processual? *Revista de Direito Bancário, do Mercado de Capitais e da Arbitragem*, São Paulo, v. 21, p. 387-407, jul.-set. 2003.

_____. Arbitragem doméstica e arbitragem internacional. *Jornal Valor Econômico*, São Paulo, p. E2, 5 ago. 2003.

_____. *Árbitro: princípios da independência e da imparcialidade*. São Paulo: LTr, 2001.

_____. As cláusulas arbitrais omissas e defeituosas. *Jornal Valor Econômico*, São Paulo, p. E2, 22 ago. 2003.

_____. O desenvolvimento da arbitragem no Brasil e no exterior. *Jornal Valor Econômico*, São Paulo, p. E2, 1º ago. 2003.

_____. Reconhecimento da sentença arbitral estrangeira no Brasil. *Jornal Valor Econômico*, São Paulo, p. E4, 8 ago. 2003.

_____. O uso da arbitragem na administração pública. *Jornal Valor Econômico*, São Paulo, p. E - 2, 19 ago. 2003.

_____. O uso da arbitragem nas relações de consumo. *Jornal Valor Econômico*, São Paulo, p. E - 2, 12 ago. 2003.

_____. O uso da medida cautelar no procedimento arbitral. *Jornal Valor Econômico*, São Paulo, p. E14, 29 ago. 2003.

MAIA NETO, Francisco. *Arbitragem, a justiça alternativa.* Belo Horizonte: Precisão, 2002.

MARTINS, Pedro A. Batista. A arbitragem obrigatória. *Jornal Valor Econômico*, São Paulo, 19 nov. 2003.

_____; GARCEZ, José Maria Rossani. *Reflexões sobre a arbitragem*. São Paulo: LTr, 2002.

_____.; LEMES, Selma M. Ferreira; CARMONA, Carlos Alberto. *Aspectos fundamentais da Lei de Arbitragem*. Rio de Janeiro: Forense, 1999.

MEYER, Antonio Corrêa; ENEI, José Virgílio Lopes. A arbitragem nas parcerias público-privadas. *Jornal Valor Econômico*, São Paulo, p. E2, 7 maio 2004.

NETTO, Cássio T. Ferreira. Uma solução ágil para incentivar as PPPs. *Jornal Valor Econômico*, São Paulo, p. E2, 9 fev. 2004.

PACHECO, Iara Alves Cordeiro. *Os direitos trabalhistas e a arbitragem*. São Paulo: LTr, 2003.

PINTO, Luiz Fernando Teixeira. A arbitragem e o direito internacional. *Pinheiro Neto Advogados*, Rio de Janeiro, 19 jul. 2001.

PUCCI, Adriana Noemi (Coord.). *Aspectos atuais da arbiragem*. Rio de Janeiro: Forense, 2001.

_____. O Brasil, a arbitragem e os investimentos estrangeiros. *Jornal Valor Econômico*, São Paulo, p. E2, 3 maio 2004.

REVISTA Brasileira de Arbitragem. Porto Alegre: Síntese; Curitiba: Comitê Brasileiro de Arbitragem, v. 1, n. 1, jan.-mar. 2004.

SALES, Lilia Maia de Morais (Org.). *Estudos sobre mediação e arbitragem*. Rio de Janeiro-São Paulo-Fortaleza: ABC Editora, 2003.

SANTOS, Mauricio Gomm Ferreira. Arbitration in Brazil. *The Practioner's Conference on the Investment Climate and Increasing Use of International Commercial Arbitration in Latin America*, New York, mar. 2004.

SECRETARIA Pro Tempore do Conselho de Câmaras de Comércio do Mercosul. *Anais das palestras proferidas em 2002*. Rio de Janeiro: Confederação Nacional do Comércio, 2003.

STRENGER, Irineu. *Comentários à Lei de Arbitragem*. São Paulo: LTr, 1998.

WALD, Arnoldo. O Estado e a arbitragem. *Jornal Valor Econômico*, São Paulo, p. B2, 15 abr. 2004.

_____ (Coord.). Revista de Arbitragem e Mediação. *Revista dos Tribunais*, São Paulo, ano 1, n. 1, jan.-abr. 2004.

WATANABE, Marta. *Guia Valor Econômico de Disputas Tributárias*. São Paulo: Globo, 2003.

WEIR, Allyson. *Mediation: a consumer's guide*. Chicago: American Bar Association, Commission on Public Understanding About the Law, 1995.

SITES RECOMENDADOS

American Arbitration Association (AAA): www.adr.org

American Bar Association (Section of Dispute Resolution): www.abanet.org/dispute/home.html

Associação Nacional das Instituições do Mercado Financeiro: www.andima.com.br

Bolsa de Valores de São Paulo: www.bovespa.com.br

Câmara Americana de Comércio: www.amcham.com.br

Câmara de Arbitragem Empresarial – Brasil: www.camarb.com.br

Câmara de Comércio Argentino – Brasileira de São Paulo: www.camarbra.com.br

Câmara de Comércio Brasil-Canadá: www.ccbc.org.br/arbitragem.asp

Câmara de Mediação e Arbitragem das Eurocâmaras: www.ccfb.com.br/camara_arbitragem/interna.asp

Câmara de Mediação e Arbitragem de São Paulo (Fiesp): www.camaradearbitragemsp.org.br

Comissão Interamericana de Arbitragem Comercial (Ciac): www.ciac-ciac.org

Comissão das Nações Unidas para o Direito Comercial Internacional: www.uncitral.org

Confederação das Associações Comerciais e Empresariais do Brasil: www.cacb.org.br

Conselho Arbitral do Estado de São Paulo: www.caesp.org.br

Conselho Nacional das Instituições de Mediação e Arbitragem: www.conima.org.br

Corte Internacional de Arbitragem (CCI): www.iccwbo.org/index_court.asp

CPR Institute for Dispute Resolution: www.cpradr.org

Espaço da Arbitragem: www.espacodaarbitragem.hpg.com.br

Federal Mediation and Conciliation Service: www.fmcs.gov/internet/

Fundação Getúlio Vargas (FGV): www.fgv.br

O *Guia Valor Econômico de Arbitragem* tem por finalidade apenas instruir e informar o leitor. Este material não deve ser interpretado como uma sugestão ou orientação específica para que você tome qualquer atitude em sua empresa ou no seu cotidiano.